De onde, para onde

Memórias

De onde, para onde

Memórias

Bolívar Lamounier

São Paulo
2018

global
editora

© Bolívar Lamounier, 2018
1ª Edição, Global Editora, São Paulo 2018

Jefferson L. Alves – diretor editorial
Gustavo Henrique Tuna – editor assistente
Flávio Samuel – gerente de produção
Jefferson Campos – assistente de produção
Erika Nakahata – assistente editorial e revisão
Alice Camargo – preparação de texto
Patrizia Zagni – revisão
Marcelo Girard – capa
Evelyn Rodrigues do Prado – projeto gráfico

Imagens:
Capa: "Il viaggiatore", *crayon* de Miguel Fabruccini

p. 35: Gonzalo Cárcamo.

As demais imagens presentes neste volume pertencem ao arquivo pessoal do autor. Todas as iniciativas foram tomadas no sentido de estabelecer-se as suas autorias, o que nem sempre foi possível. Caso os autores se manifestem, a editora dispõe-se a creditá-los.

Obra atualizada conforme o
NOVO ACORDO ORTOGRÁFICO DA LÍNGUA PORTUGUESA.

CIP-BRASIL. CATALOGAÇÃO NA PUBLICAÇÃO
SINDICATO NACIONAL DOS EDITORES DE LIVROS, RJ

L233d
Lamounier, Bolívar, 1943-
   De onde, para onde : memórias / Bolívar Lamounier. –
1. ed. – São Paulo : Global, 2018.
   168 p. ; 23cm.

   ISBN 978-85-260-2454-0

   1. Lamounier, Bolívar, 1943-. 2. Cientistas políticos –
Brasil – Biografia. 3. Autobiografia. I. Título.

18-53592   CDD:923.2
                                          CDU:929:32

Meri Gleice Rodrigues de Souza – Bibliotecária CRB-7/6439

global
Direitos Reservados

global editora e distribuidora ltda.
Rua Pirapitingui, 111 – Liberdade
CEP 01508-020 – São Paulo – SP
Tel.: (11) 3277-7999
e-mail: global@globaleditora.com.br
www.globaleditora.com.br

Colabore com a produção científica e cultural.
Proibida a reprodução total ou parcial desta obra sem a autorização do editor.

Nº de Catálogo: **4389**

De onde, para onde

Memórias

A Mário Miranda Filho (1947-2018), amigo querido.
In memoriam

SUMÁRIO

Apresentação..11

PRIMEIRA PARTE
ORIGENS IMAGINÁRIAS E REAIS

1. Viagem ao mar dos nomes..17
2. Quem não tem fato caça com ficção..20
3. Origens reais: os Lamounier de carne e osso............................23
4. Uma luz bruxuleava na charneca...30
5. Infância: terra, barro e areia...32
6. Belo Horizonte, 1957 – A majestade da avenida Amazonas.......52

SEGUNDA PARTE
UM POLITÓLOGO ACIDENTAL

7. 1961 – Ingresso na "elite" universitária..................................67
8. Um suéter vermelho e cinquenta dólares no bolso..................82

TERCEIRA PARTE
RESVALANDO NAS ASPEREZAS DO MUNDO

9. 1966 – O "internato" da avenida Afonso Pena........................89
10. 1968 – Um almoço com Fernando Gabeira............................97
11. Um tempo de sufoco na Pauliceia..104
12. Tempos de madureza..114

ESPELHO RETROVISOR (À GUISA DE CONCLUSÃO)

ANEXOS

1. Reflexões sobre experiências que vivi no Brasil e que contribuíram para a formação da Fundação Ford – Peter Bell 155

2. Apanhado bibliográfico 162

APRESENTAÇÃO

A primeira parte deste livro tem muito a ver com *Conversa em família*, um monstrengo de quatrocentas páginas que publiquei em 2004, prolixo e arqueado sob uma pesada carga de dados estatísticos. Mas o que me levou a voltar ao assunto não foram só os padecimentos que o volume anterior me causou. Ao contrário daquele, que era uma "conversa" despudoradamente ambiciosa, percorrendo séculos e séculos de história, este que o leitor tem em mãos, relatado na primeira pessoa, quer ser apenas um livrinho de memórias pessoais, remontando à minha infância numa pequena propriedade rural do interior de Minas. Esforcei-me por contar minha história em tons leves, chegando mesmo a nela inserir um pequeno trecho de ficção.

Mas, claro, não há como evocar um passado individual sem abrir janelas para o que se passou com toda uma geração, o que, em alguns casos, exige certo distanciamento. Essa afirmação parece-me especialmente válida no caso de uma pessoa, como eu, que deixou um limitado universo interiorano para se dedicar a uma carreira intelectual e a um certo grau de participação no debate público e na vida política. Mas não me propus explorar as conexões entre esses dois universos – minha experiência pessoal e a de minha geração –, até porque tenho dúvidas sobre minha capacitação para enfrentar tal desafio.

Pareceu-me imprescindível mostrar que, a partir de meu ingresso na universidade, nem tudo em meu caminho foram flores. Tratei de evocar – superficialmente, como não poderia deixar de ser – o que o regime militar implantado em 1964 representou para o Brasil, mas dei mais ênfase às diversas ocasiões em que ele afetou diretamente a minha vida pessoal e a profissional. O pano de fundo vale para toda a nossa geração. Da primeira metade dos anos 1960, passando pela radicalização autoritária da virada dos 1960 para os 1970 e por mais tempo ainda, a sonhadora juventude dos anos JK foi obrigada a esquecer o *barquinho* e o *pato que cantava alegremente* para encarar a realidade inescapável – passáramos a viver sob um regime de exceção que inicialmente se apresentou como uma breve "intervenção corretiva", mas permaneceu por 21 anos. Nos capítulos finais, traço em grandes linhas as opções profissionais que me restaram durante e após as lutas pelo restabelecimento do regime civil, restringidas, evidentemente, pelo encadeamento das fases precedentes.

O trabalho tem dois anexos: uma tradução juramentada de um importante texto de Peter Bell, ex-representante da Fundação Ford no Brasil, e um ligeiro apanhado bibliográfico.

Quero de início consignar meu agradecimento a meu editor, Gustavo Tuna, aos diretores e a toda a equipe da Global pelo excelente trabalho realizado. E não posso deixar de mencionar alguns dos muitos amigos que me estimularam a escrever este livro e contribuíram com sugestões e críticas para sua elaboração: Alkimar Ribeiro Moura, Célia Lamounier de Araújo, Celso Mori, Cláudio de Moura Castro, Edmar Bacha, Geraldo Forbes, Juan Rial, Lionel Zaclis, Luzia Hermann de Oliveira, Maria Laura Cavalcanti, Maria Tereza Sadek, Marie Anne Worms, Mário B. Machado, Marly Peres, Melchíades Cunha Júnior, Mônica R. de Carvalho e Yvonne Maggie. E um agradecimento especial à minha esposa, Maria Eugênia Roxo Nobre, e à amiga Alessandra de Angelis, minha sempre prestativa e eficiente secretária.

PRIMEIRA PARTE

Origens imaginárias e reais

Conversa em família nasceu de um forte desejo de descobrir a origem das famílias Lamounier. Graças a pesquisas feitas por minha prima Célia Lamounier de Araújo, eu sabia que o principal, senão o único, elo identificável com nossos antepassados europeus era Antônio Afonso Lamounier, um lisboeta que veio para Minas Gerais em meados do século XVIII. Jejuno em genealogia, imaginei ter diante de mim uma tarefa bastante fácil. Era subir o rio, por assim dizer, até localizar a nascente. Examinar os registros familiares de Antônio Afonso, depois os de seu pai, Manoel Afonso, e assim sucessivamente até chegar à fonte de onde teria brotado o próprio sobrenome. Mas logo constatei que os caminhos para a nascente não estavam à vista; que talvez tivessem até desaparecido, perdidos para sempre, obliterados pelo terremoto que se abateu sobre Lisboa em 2 de novembro – Dia de Todos os Santos – de 1755, arrasando toda a parte baixa da cidade. Às nove horas da manhã, havia velas acesas em todas as igrejas; nos lares, muita gente cozinhava em fogões de lenha. Assim, em consequência do tremor e do incêndio que se seguiu, todo o centro da cidade veio abaixo, inclusive as igrejas, únicos repositórios dos registros de nascimento, casamento e óbito naquela época, em Portugal como em toda a Europa.

Mas a busca não foi em vão. Procurando o olho-d'água de onde proviera nossa família, deparei-me com o grande mar dos nomes – a imensidão do passado europeu, origem da maioria dos sobrenomes brasileiros. Foi assim que denominei "imaginários" os ancestrais aos quais só tive acesso por meio da etimologia, à medida que tentava decifrar a formação do sobrenome Lamounier, e "reais" os ancestrais de carne e osso, a família de verdade, brasileira, sobre a qual existe uma razoável documentação. Dito de outro modo, "imaginários" são meus parentes etimológicos: centenas de milhares de pessoas cujos sobrenomes se formaram com base em apelidos medievais ligados ao ofício que exercem, a traços físicos, a lugares de origem, e assim por diante. "Reais", as famílias que se constituíram no Brasil, principalmente a partir de um núcleo inicial no oeste de Minas.[1]

---

[1] Por não ter tido uma economia tão extensamente baseada em ofícios como os países da Europa, o Brasil não tem a mesma riqueza de sobrenomes derivados de ofícios. Mais ainda, os ofícios mecânicos, sendo em geral exercidos por mulatos, eram vistos pelos brancos como trabalho inferior. Apesar disso, Ronaldo Vainfas (2000, p. 434-35) observa que alguns ofícios se destacaram, dando como exemplos os sapateiros, alfaiates, carpinteiros, ferreiros, ourives, oleiros, serralheiros e pedreiros.

O Arquivo Nacional registra que três outras pessoas com sobrenomes semelhantes – Desirée Rose Lamonier, Pierre Paul Lemonier e um Charles Lemonier – teriam desembarcado no Rio de Janeiro por volta de 1825. Teriam vindo para ficar, como Antônio Afonso? De que viviam? Teriam aqui constituído família? Com os dados disponíveis, não há como responder a essas perguntas. Em sua *Genealogia paulistana*, de 1903, à página 231, Luiz Gonzaga da Silva Leme refere-se a "Jules Lamounier, francez", casado com Antonia Joaquina Nogueira de Campos, sepultado em Indaiatuba, na região de Campinas, SP, mas não encontrei outras informações a respeito. Quanto eu saiba, portanto, se Antônio Afonso não foi o único, ele e seu pai, Manoel, são os principais vínculos entre os Lamounier do Brasil e nossos ancestrais distantes – fossem eles de origem francesa (como parece provável), portuguesa ou de outras procedências europeias. Na parte brasileira, não cabe dúvida de que o núcleo original onde a família se constituiu foi a então capitania de Minas Gerais, e de que a época foi a da mineração de ouro e diamantes, já próxima do ocaso.

1. VIAGEM AO MAR DOS NOMES

Na primeira parte de *Conversa em família*, tentei decifrar a origem do sobrenome Lamounier a partir de dois apelidos de ofício – *mounier* e *monier* – e descartei os substantivos (*l'*)*aumônier* e *limonier*, nos quais vejo apenas uma semelhança ortográfica superficial.[2] *Mounier* é uma variação provençal de *meunier*, moleiro. *Monier*, moedeiro, era o batedor ("*batteur de monnaie*"), quer dizer, o indivíduo que batia as peças de metal até imprimir nelas a forma desejada, cabendo lembrar que, naqueles tempos remotos, a moeda-papel não existia. Conquanto os apelidos (e depois sobrenomes de famílias) mais comuns[3] nos albores da era moderna fossem os derivados de ofícios, é lógico que as pessoas que os portavam não exerciam necessariamente as atividades a que eles se referiam. O que importa para nosso argumento é que o apelido tem origem numa ocupação, depois se generaliza e finalmente se transforma em sobrenome.

É essencial ter em mente que, em toda a Europa, o registro do batismo permaneceu como o único documento de identificação até por volta de 1800. Os sobrenomes de família começam a se fixar por volta de 1300 e só se podem dar como configurados e irreversíveis por volta de 1450. Mas o fato

---

2 "[L]*aumônier*", dispenseiro ou "esmoleiro", era o funcionário que em certas datas religiosas distribuía esmolas a serviço de algum monarca, autoridade eclesiástica ou qualquer outro dignitário. O termo *limonier* designava o comerciante de produtos cítricos, mas aplicava-se também a um tipo de cavalo extremamente forte, próprio para a tração de carroças pesadas.

3 Todos esses tiveram grafias extremamente variadas ao longo da história, uma vez que os registros eram feitos por padres, muitos dos quais careciam de um nível de escolaridade adequado para o correto registro do que os pais lhes declaravam oralmente na ocasião do batismo. É essencial ter em mente que, em toda a Europa, a certidão de batismo permaneceu como o único documento de identidade até por volta de 1800.

de terem se configurado e estabilizado nessa época não significa que tenham se estabelecido como a forma exclusiva e exaustiva de identificação das pessoas. Os registros, como já se notou, cabiam às autoridades eclesiásticas, só se tornando incumbência do poder público séculos mais tarde, por volta de 1800; e vários outros fatores contribuíam para a diversidade das grafias de nomes de uma mesma origem.[4]

O ofício de moleiro parece-me ser o mais provável, tendo em vista que o termo latino *molinarius* (moleiro) produziu uma infinidade de variações em todos os idiomas europeus, as mais próximas de Lamounier sendo certas derivações francesas, como *moulnier*, *moulinier* e *mounier*. Ressalto, no entanto, que a grafia *Lamounier* deve ter sido raríssima e parece não mais existir atualmente na França. A *Carte de France*, notável compilação estatística de sobrenomes, avalia que o sobrenome Lamounière extinguiu-se antes do início de seus registros, que remontam a 1891. Retornando a Lamounier e Lamonier, é indispensável atentar para o aparente erro de concordância neles existente: o acoplamento do artigo feminino *la* aos substantivos masculinos *mounier* e *monier*. Tratar-se-ia de transcrição errada de alguma antiga grafia francesa, abandonada justamente por envolver tal erro? Plausível à primeira vista, essa hipótese torna-se insustentável diante de dois fatos. Por um lado, subsistem até hoje, na França, notadamente

---

4 Em minha pesquisa nos registros das cortes de Herve e Charneux – situadas na província de Liège, na atual Bélgica – entre 1641 e 1679, constatei a ocorrência de dezenas de referências a um Willem le Mounier e a outros membros de sua família. Willem (ou Guillaume, na forma afrancesada) tem seu sobrenome (apelido) grafado ora com maiúscula, ora com minúscula (le mounier), e às vezes também como "le moulinier". Em 1679, um Laurent é identificado pelo apelido "le meulnier" e, de imediato, entre parênteses, por um equivalente: Laurent du moulin, o mesmo ocorrendo com Willem, identificado como *le meulnier* e como Willem *le moulnier*. Num documento de 1686, sobre débitos fiscais na comunidade de Montreuil-sur-Mer, vemos listado um Pierre Delapierre *munier* – assentamento notavelmente ambíguo, uma vez que Delapierre talvez já fosse o sobrenome, mas o encarregado do registro houve por bem "reforçá-lo", acrescentando tratar-se de um moleiro. Insisti no apelido de ofício, mas é também possível que Lamounier e Lamonier sejam toponímicos, ou seja, sobrenomes originários de nomes de lugares ou regiões. Na cidadezinha Garde-Freinet, localizada no departamento Var, existe um lugar chamado La Mounière, e existe La Monière em outras regiões. Em estudo sobre a toponímia dessa região, Jacques Dalmon diz que "La Mounière" tanto pode provir de *mounier* (moleiro) como de *monier* (moedeiro), significando, nestes casos, o lugar de habitação de um moleiro ou de um batedor de moeda. Os sobrenomes Lamounière e Lamonière poderiam ter-se formado por acoplamento; perdendo o "e" final, teriam dado origem a Lamounier e Lamonier.

no departamento de Nord-Pas-de-Calais, outras grafias aparentemente discordantes quanto ao gênero – como Lamonier e Lamonnier – que remontam pelo menos ao século XVII. Por outro, documentos oficiais portugueses da segunda metade do século XVIII e do começo do século XIX, referentes a Antônio Afonso Lamounier, também registram as grafias Lamonier e Lamunier.

Mais provável, entretanto, é que Lamounier tenha sido originalmente um matronímico, ou seja, um sobrenome formado pela linha materna, significando "a mulher de um Mounier" (*la* [*femme de*] Mounier – ou, no caso de moedeiro, "*la* [*femme de*] Monier).[5] Nessa hipótese, não haveria discordância quanto ao gênero, e sim a evolução do sobrenome pelo lado matronímico. Caso esteja correta, tal hipótese oferece explicação simultânea para dois fatos decisivos para a presente inquirição: a aparente discordância quanto ao gênero e a extrema raridade estatística do nome de família Lamounier na França. Pois, com efeito: (1) os matronímicos constituem uma pequena fração do total de sobrenomes; (2) a forma aparentemente discordante quanto ao gênero (artigo feminino associado a elemento masculino) representa um minúsculo subconjunto do universo total de sobrenomes. Tomadas em conjunto, essas razões tornam compreensíveis a raridade estatística e o desaparecimento da grafia *Lamounier* na França.

---

5   Pela linha patronímica, a derivação de Monier é Lemonier ou Lemonnier, sobrenomes comuns na França.

2. QUEM NÃO TEM FATO CAÇA COM FICÇÃO

Quem não tem cão caça com gato – quem não conhece o velho ditado? Impossibilitado de prosseguir a caminhada que deveria me levar às origens da família, peço licença para inserir aqui uma pequena invenção sobre como poderia ter sido a história real dela, a partir de Lisboa.

Numa rua qualquer do centro da cidade, onde mantém sua mercearia, Antônio Afonso vai à porta e se dirige em tom exaltado aos poucos transeuntes que por ali transitam naquele final de tarde. Vitupera a situação em que Portugal se encontra. Não mede palavras contra a inépcia do governo, a burocracia onipresente e venal, os impostos escorchantes que asfixiam o comércio. Refere-se às ordens religiosas mantidas pelo Erário como inutilidades que deviam ser custeadas com recursos próprios.

Na noite seguinte, mesmo estando a rua praticamente deserta, discretíssimo, o padre Serafim bate à porta da mercearia. Vem visitar Antônio Afonso, de quem é primo em primeiro grau. Antônio manda-o entrar, oferece-lhe uma cadeira e vai buscar uma taça de vinho. Serafim diz:

– Antônio, você está enlouquecendo. Uma hora dessas vai ser preso, e queira Deus que não acabe na fogueira.

– Eu, na fogueira? Por quê? Não sou judeu, não contesto os princípios da religião católica. Só critico os privilégios do clero – afirma Antônio Afonso.

– Antônio, você é um ingênuo. Parece criança. Hoje em dia, essas coisas já não se distinguem. A Corte, o clero e os nobres não estão preocupados com os judeus. Judaísmo agora é só pretexto. Eles estão preocupados com o ouro do Brasil, que está se exaurindo, com as receitas da Coroa, que diminuem a cada dia... E com os revolucionários...

– E eu, por acaso, sou revolucionário?

– É claro que é. Está se transformando em um. Como não lê nada, não se informa, não sabe o que se passa no mundo, seus discursos são ecos das ideias que estão agitando a França e a própria América; ideias que metem medo na nobreza de toda a Europa. Por toda parte, há escritores, artistas – e até padres! –, contestando a legitimidade da monarquia e acusando-a de tirânica. Logo logo essa maré montante vai chegar à nobreza. Cedo ou tarde essas ideias chegarão ao Brasil, pode estar certo. Até no convento, já ouvi gente criticando suas falações na rua. Sorte nossa não saberem que somos primos.

Após um prolongado silêncio, Serafim pergunta:

– Seu filho, Ildefonso, quantos anos tem agora?

– Acabou de fazer dez – responde Antônio.

– Você já pensou se te prendem e ele fica por aí, sem eira nem beira?

– Aonde você quer chegar? Que quer que eu faça?

– Quero que me leve a sério. Você precisa ir embora o quanto antes. Vá para o Brasil. Eu fico como seu procurador, alugo ou vendo o seu negócio e vou mandando dinheiro para você; aos poucos, é claro, para não chamar atenção. Mas você precisa agir já. Na igreja de São Nicolau, durante a tarde, sempre tem um padre chamado João José, o administrador, cuidando da limpeza. Já falei com ele. Por vinte mil-réis ele te arruma certidões de batismo falsas, com outros nomes, para você e Ildefonso. Com elas, você viajará mais tranquilo.

Antônio Afonso concorda com o primo, mas os acontecimentos se precipitam. No dia seguinte, 2 de novembro, Dia de Todos os Santos, um tremor de terra seguido de incêndio arrasa toda a parte baixa da cidade. O padre João José e Ildefonso, o filho de Antônio Afonso, morrem nos desabamentos. A mercearia vira um monte de escombros, mas Antônio tem algum dinheiro escondido em casa. Pondera bem a situação e calcula que poderá viajar dentro de três ou quatro semanas. A situação ainda estará confusa, com os próprios regimentos policiais desfalcados. Com a fiscalização do porto totalmente desorganizada, ele conseguirá embarcar mesmo com sua certidão velha. E não se esquece de reservar alguns dobrões de ouro para assegurar a generosidade do capitão do navio.[6]

---

[6] Um defeito óbvio de meu relato fictício é a cronologia; a julgar por ele, Afonso teria chegado ao Brasil nos primeiros meses de 1756, e não em 1757, como de fato aconteceu.

3. ORIGENS REAIS: OS LAMOUNIER DE CARNE E OSSO

Embora ele seja o ponto de referência obrigatório para a montagem do quebra-cabeça que conecta nossos antecedentes europeus às origens mineiras de nossa família, é escassa a documentação que possuímos sobre o português Antônio Afonso. Sabemos que nasceu em Lisboa e foi batizado na igreja de São Nicolau. A destruição do centro de Lisboa em 1755 foi, sem dúvida, a razão de ele ter vindo para o Brasil dois anos depois. Partindo do Rio de Janeiro, ele vai para São João del-Rei e, de lá, para Prados, onde permanece por algum tempo, provavelmente vivendo de trabalhos esporádicos, vindo a casar-se com Ana Luísa de Jesus em 1759. De Prados, o casal seguiu para o arraial de São Bento do Tamanduá, hoje município de Itapecerica, na região mineira atualmente conhecida como Campo das Vertentes. Em Itapecerica, Antônio Afonso e Ana Luísa deram início a uma longa descendência; deles provêm, se não todos, quase todos os Lamounier que hoje existem no Brasil. Ali, em 1760, ele se torna capitão da guarda e, em seguida, obtém o certificado de cirurgião, ofício também seguido por seu filho homônimo, Antônio Afonso, nascido em 1760. Nos anos seguintes, dentro da diretriz metropolitana de "entrar" pelo sertão, tornou-se sertanista, ou desbravador, como era mais comum dizer-se naquela época. Com essas credenciais, pleiteou e obteve uma sesmaria na Serra da Marcela, no atual município de Córrego Danta, não muito longe das nascentes do rio São Francisco. Na sesmaria ele nunca pôs os pés, e duvido que algum outro proprietário o tenha feito desde o século XVIII. A história de pujantes sesmarias distribuídas pela Coroa, que teriam dado origem a não menos pujantes latifúndios, é um oceano formado por algumas pequenas ilhas de verdade e muitos mares de invencionice. Explorar aquela imensidão, torná-la produtiva? Como seria isso possível naqueles tempos, numa área povoada por índios, distante dos mercados, sem mão de obra e sem técnica?! Afonso vendeu sua sesmaria por uns trocados e comprou uma propriedade menor, perto de São João del-Rei.

Do núcleo original que venho de descrever descenderam Godofredo Lamounier, que entrou para a política e chegou a ser deputado federal na Assembleia Constituinte republicana de 1890-91, e seu filho, o compositor Gastão Lamounier, que nos anos 1930 iria tornar-se um celebrado compositor de valsas. Gastão foi morar com o pai no Rio, mas passou alguns anos na Europa, principalmente na Áustria – atrás de algum rabo de saia, ao que parece. Na volta, sem abdicar da composição, ele se estabeleceu como produtor radiofônico, vindo a produzir, na Rádio Educadora do Rio de Janeiro, o primeiro programa dirigido especificamente para mulheres.

José Gomide Borges, historiador residente em Candeias, Minas Gerais, escreve que "o sertanista Antônio Afonso Lamounier entrou com Inácio Pamplona nos sertões do Tamanduá, em 1765, obtendo sesmaria na Serra da Marcela em 1767. Tornaram-se compadres, em virtude de ter sido Pamplona honrado para ser padrinho de sua filha Ana Luísa, batizada em Lagoa Dourada, nesse ano de 1767. Ao que parece, esse compadresco entre o velho Lamounier e Pamplona teve certa influência na formação, ou melhor, na criação da vila de Tamanduá [atual município de Itapecerica]. Lamounier foi o braço forte do 'conquistador do Oeste'. Ao resolver criar uma vila na conquista do Campo Grande e Picada de Goiás, Luís Diogo Lobo da Silva, então governador da capitania, o fez atendendo a reivindicações dos dois sertanistas".[7]

Levindo Afonso, meu pai, era descendente em quinta geração do português Antônio Afonso. Nasceu na bela cidade de Itapecerica, na

---

7 Ver depoimento de Gomide Borges no livro *Itapecerica*, organizado por Célia Lamounier de Araújo (Academia Itapecericana de Letras, 1993, p. 169-74).

margem esquerda da rodovia BR-262, no sentido São Paulo-Belo Horizonte. Mesmo sobre ele, são poucas as informações existentes. O que sei são histórias conservadas pela família e informações que minha prima Célia (residente em Itapecerica) e eu mesmo encontramos em cartórios públicos ou registros de igrejas. Sua certidão de casamento atesta que se casou em 1918 com a professora rural Ana Moura, nascida no município de Estrela do Indaiá, com quem teve onze filhos – uma escadinha da qual vim a ser o último degrau.

Assim como o fizera Antônio Afonso um século e meio antes, Levindo perambulou muito pelo oeste mineiro, sempre negociando fazendas, na esperança de um dia poder se fixar numa delas, o que finalmente conseguiu ao adquirir a fazenda Santa Cruz, em Estrela do Indaiá. Nessa fazenda, Levindo dedicava-se à cafeicultura e à criação de gado bovino, e mantinha um armazém onde vendia tecidos, calçados e gêneros alimentícios, com o que, imagino, a fazenda funcionava um pouco como entreposto. Não preciso frisar quão modestas eram tais atividades naqueles tempos remotos. O mesmo José Gomide Borges informa que, "na época das chuvas, Levindo deixava o sertão e alugava fazendas de campo em Dores do Indaiá, para onde levava seu gado. Mais tarde, vendeu as lavouras de café para cuidar exclusivamente da criação de gado bovino, adquirindo, para isso, uma fazenda de campo, a fazenda Palmital, perto de Estrela do Indaiá, onde viveu por muitos anos". O motivo principal da mudança para Dores do Indaiá deve ter sido o desejo de dar uma educação mais aprimorada aos seus filhos, visto que, naquela época, Estrela possuía apenas "grupos escolares" – estabelecimentos que só ministravam o "primário", ou seja, os primeiros quatro anos do primeiro ciclo. Não havia lá cursos "ginasiais" nem "colegiais", os dois níveis seguintes. Assim, ao atingir a marca de dez filhos, Levindo concluiu que seria complicado criar a família numa localidade tão pequena, carente de serviços médicos e desprovida de horizontes educacionais. Transferiu-se, então, para Dores do Indaiá, em cujas cercanias adquiriu o sítio Condutas, uma propriedade rural bem menor que a de Estrela, concentrando-se a partir de então na atividade de comprar e vender reprodutores zebuínos.

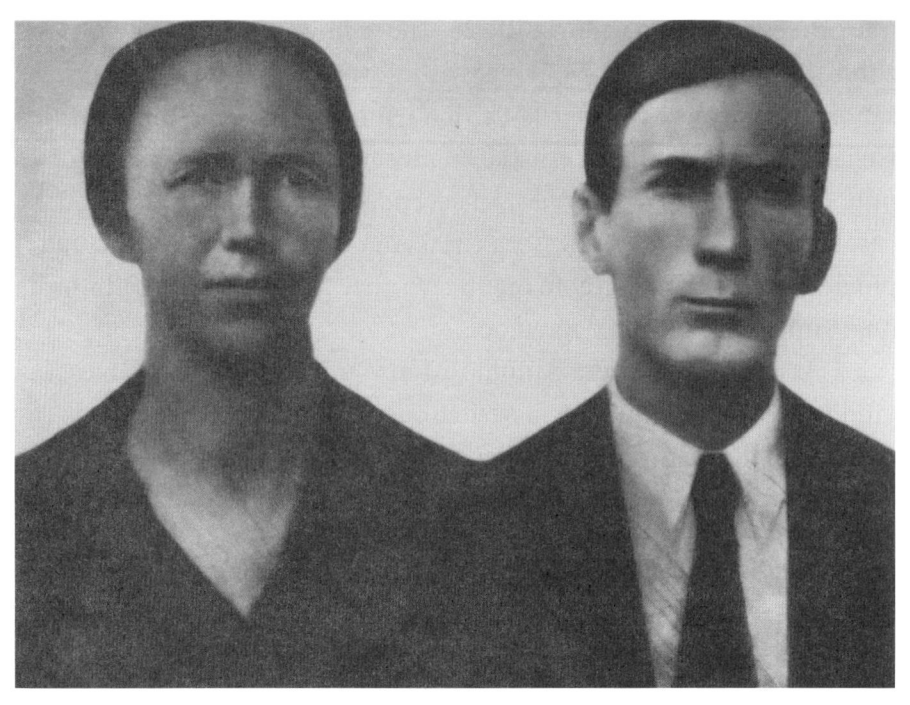

Meus pais, Ana e Levindo, casados em 1918.

Contudo, para bem entender a mudança de Levindo para Dores do Indaiá, devemos atentar para o que se passava no plano mais amplo da pecuária brasileira, evitando, assim, um persistente equívoco da literatura acadêmica. Esta, além de desconhecer a revolução deflagrada pela importação de raças zebuínas da Índia por fazendeiros do Triângulo Mineiro e ignorar o retrocesso imposto pela ditadura getulista, só revertido no início dos anos 1960, comete o erro adicional de subestimar os efeitos multiplicadores promovidos por pequenos criadores, compradores e revendedores em numerosos pontos do estado de Minas Gerais. Envolto até hoje em histórias confusas, não isentas de temperos folclóricos, não há mais como ignorar que o negócio do zebu se desenvolveu muito no estado e no país, impulsionado pela euforia que tomou conta dos pecuaristas, podendo-se afirmar sem temor a erro que a saga da importação foi um divisor de águas na história de nossa pecuária. Antes dela, o que havia era o mirrado gado de origem açoriana, reminiscente do período colonial. Depois dela, o excelente gado que hoje conhecemos, base de um agronegócio moderno e internacionalmente competitivo. Entre os entusiastas das raças indianas – primeiro o gir, preferido para cruzamentos leiteiros, e mais tarde o nelore, para os cruzamentos de corte –, havia numerosos fazendeiros até hoje reverenciados como pioneiros de uma grande transformação. Empenhados, desde o início do século, em trazer e aclimatar as raças zebuínas, eles contribuíram para colocar o Brasil entre os grandes produtores mundiais de carne e laticínios em geral.

O *Diagnóstico da economia mineira* elaborado em 1968 pelo Banco de Desenvolvimento de Minas Gerais (BDMG) ressalta esse fato. Reportando-se aos anos 1940, ele diz (p. 74) que a má qualidade das terras mineiras, de solos ácidos, a topografia acidentada e as deficiências de organização e tecnologia dificultavam o desenvolvimento da agricultura como atividade capitalista, em larga escala. Em compensação, abriam-se amplas possibilidades para a pecuária:

> Ali onde o relevo frustrava a lavoura de altos rendimentos, introduziu-se o boi. O gado disputava com vantagens o solo à agricultura. O aumento do rebanho bovino e, subsidiariamente, do suíno é assim, na década de [19]40, fenômeno marcante da economia mineira. **A euforia do zebu, com todos os percalços e problemas de uma ação desordenada, teve indiscutíveis repercussões positivas sobre a pecuária mineira e brasileira, tornando a região do Triângulo o centro irradiador do progresso tecnológico nessa área.**[8]

Mas, como assinalei, essa importante questão permanece até hoje envolta em espesso folclore. A séria crise que a pecuária, e especificamente a pecuária zebuína, atravessou no após-guerra de 1945 com frequência é atribuída ao exibicionismo dos criadores e a um puxão de orelhas que levaram

---

8 Grifo meu.

do então ditador Getúlio Vargas, como se fossem estes os únicos fatores em jogo. O que se propala é que, numa das feiras anuais de gado (nessa época Uberaba já era conhecida como "capital mundial do zebu"), ocorreu um leilão de reprodutores e os preços furaram as nuvens. Houve boi saindo por valores estrondosos. Nesse período, o Banco do Brasil financiava amplamente o comércio de reprodutores, que, durante as feiras, mais parecia uma jogatina. Presente ao acontecimento e abordado por um jornalista que lhe perguntou quanto em sua opinião valia um touro arrematado por muitos milhões, Getúlio teria respondido: "Vale quanto pesa, é só pôr na balança".[9]

Se a repulsa de Getúlio ao exibicionismo fosse o único motivo real da crise que logo sobreviria, estaríamos diante de um fato insólito. Seria como se um chefe de Estado implicasse com o uso da figura de Gisele Bündchen nas exposições mundiais da indústria têxtil. Mal esclarecida, é mais ou menos nesse pé que a questão se encontra até hoje, mas o fato é que as dificuldades antepostas à importação tiveram a ver com objeções (ou pretextos) de ordem sanitária e muito possivelmente com rivalidades regionais, de ordem política ou referentes à pecuária em particular, uma vez que dificilmente um mesmo desenvolvimento racial atenderia às necessidades da pecuária do Brasil central e dos estados do sul.

Seja como for, o corte dos financiamentos, drástico e abrupto, provocou uma crise generalizada no setor. No capítulo 3 do relatório do BDMG, Cláudio Pacheco relata que, até meados de 1944, predominava na diretoria do Banco do Brasil um clima de lisonja e autoelogio no que se referia às operações de crédito agropecuário e industrial. Mas esse clima sofreu uma brusca alteração no fim daquele ano. A partir daquele

---

9   Os relatos desse episódio são desencontrados. Algumas fontes o situam em 1944, outras, em 1945. João Feliciano Ribeiro, s/d, p. 41-42, mencionado no *Diagnóstico da economia mineira*, garante que o fato ocorreu em 11 de julho de 1945, em Belo Horizonte: "Na exposição de Belo Horizonte, o reprodutor Canadá sagrou-se grande campeão e foi avaliado em quatro mil contos de réis. O presidente Getúlio Vargas estava presente e lhe perguntaram quanto deveria valer aquele animal. Getúlio respondeu pedindo que o colocassem na balança. A nota foi publicada no dia seguinte nos jornais da capital. O reflexo desta declaração foi como uma bomba e, a partir de então, o preço do zebu despencou e levou muitos fazendeiros à falência, e até ao suicídio". O fato, de qualquer modo, é que a restrição e a crise estouraram de imediato. Publicada no dia seguinte, a declaração foi interpretada como uma ordem ao Banco do Brasil para restringir essa linha de crédito, afundando o setor em grave crise.

ponto, registram-se discussões inusitadamente ásperas entre diretores, e medidas restritivas começam a ser esboçadas com vistas à contenção do crédito ao comércio de gado indiano. Em julho de 1945 – a três meses, portanto, da queda do ditador –, a presidência do banco já propõe um congelamento dos empréstimos da Carteira de Crédito Agrícola e Industrial. Nessa nova orientação, prossegue Cláudio Pacheco (BDMG, 1968, p. 79), "[...] já atuavam pressões externas e presumivelmente uma nova disposição do próprio Governo". Com a queda de Getúlio Vargas, a autocrítica iniciada um ano antes, a portas fechadas, torna-se pública. Os relatórios e comunicados do Banco do Brasil passam a censurar asperamente a política econômico-financeira do período ditatorial, responsabilizando-a pela inflação, em geral, e pelo desvirtuamento do crédito, em particular. Especificamente quanto à pecuária e ao comércio de gado fino, o relatório de 1947 tenta se justificar (BDMG, 1968, p. 78), afirmando que "[...] não houve, no exercício de 1946, deflação de crédito neste setor; houve, sim, um estacionamento decorrente de um imperativo de prudência, porque: a) as aplicações em empréstimos pecuários haviam subido a um valor equivalente a 60% do total das aplicações da Carteira, revelando perigosa hipertrofia do crédito de determinada natureza, em detrimento das outras modalidades igualmente dignas de amparo; b) a crise originada pelo 'boom' especulativo da pecuária, principalmente no tocante à criação do gado zebu, provocou uma queda de preços, com desvalorização das garantias concedidas ao Banco do Brasil".

Se a abrupta restrição ao crédito levou grandes fazendeiros à bancarrota, é fácil imaginar a devastação que provocou entre pequenos compradores e revendedores dispersos entre dezenas de pequenos municípios, carentes de recursos próprios e sem nenhuma capacidade de ação coletiva perante o banco para tentarem atenuar os efeitos da medida. Como já se notou, ainda falta muito para a dimensão da revolução pecuária e de seus efeitos ser devidamente reconhecida pelos pesquisadores acadêmicos. A exacerbada ideologia industrializante e nacional--desenvolvimentista dos anos 1950 contribuiu decisivamente para tal equívoco. Desenvolvimento era indústria, agropecuária era sinônimo de atraso, subdesenvolvimento, carência de autonomia nacional.

4. UMA LUZ BRUXULEAVA NA CHARNECA

Peço licença para inserir aqui uma breve digressão. Meu leitor deve estar se perguntando por que não contratei um biógrafo em vez de pelejar com meu pobre verbo na composição destas memórias. A primeira parte da resposta tem a ver com o vil metal: com que dinheiro iria eu contratar um escritor razoável, e de fato interessado em pesquisar e relatar a história de uma pessoa tão comum? Mas há uma segunda parte: não morro de simpatia por biógrafos. Desconfio de que eles, para melhorar seus rendimentos ou até para puxar o saco, tendem a edulcorar a vida de seus personagens. Causa-me especial ojeriza o que escrevem sobre a iniciação intelectual de seus personagens: aquela história de que fulano se alfabetizou em três semanas, de que beltrano aos oito anos dominava perfeitamente o latim e de que sicrano já aos dez declamava Homero no original grego.

Claro, umas poucas exceções abrandaram minha desconfiança e me ajudaram a aceitar a biografia como um gênero literário respeitável. Nem biógrafo nem leitor algum contesta que, aos seis anos, Wolfgang Amadeus Mozart compunha minuetos e acompanhava seu pai, Leopoldo, e sua irmã Maria Anna em excursões e recitais. E que antes de completar treze anos já havia escrito três óperas, seis sinfonias e mais de cem obras em vários outros gêneros.

Na infância, eu até que lia bastante, mas, atenção, nada a ver com Ovídio, Shakespeare ou Cervantes. À parte as leituras exigidas pela escola, basicamente eu lia histórias em quadrinhos. Em seguida, nas pegadas de meu irmão Arsonval, descobri que era fácil (salvo no aspecto pecuniário) comprar livros pelo reembolso postal. Os livros que mais me atraíam eram certos romances ingleses (ou apresentados como ingleses, mas vai ver que foram escritos em Botafogo...), ambientados na virada do século XIX para o XX. O gênero sustentava-se entre o mistério policial e a atmosfera macabra de ruídos provindos de mansões abandonadas, passos ouvidos onde não se via ninguém, cães ganindo na mais terrível agonia. Não me peçam para contar uma dessas histórias, pois não me recordo de nenhuma. Lembro-me apenas de que elas começavam com chavões indefectíveis, algo como *uma luz bruxuleava na charneca*. Eu não sabia o que era bruxulear e muito menos o que era charneca, mas por nada neste mundo iria interromper a leitura para consultar um dicionário. Ao mesmo tempo que me proporcionava uma prazerosa intimidade com os horrores da Inglaterra pós-vitoriana, um banco de madeira instalado na parte da frente de nossa casa, protegido pela sombra de um frondoso sabãozinho, incutiu em mim uma duradoura ignorância do que significavam o verbo "bruxulear" e o substantivo "charneca".

5. INFÂNCIA: TERRA, BARRO E AREIA

Até 1950, aproximadamente, não seria descabido descrever Dores do Indaiá como uma parte do "sertão" brasileiro, tais a distância e a precariedade dos transportes e comunicações que a separavam dos centros urbanos da maior parte do estado de Minas Gerais. O isolamento era seu traço característico. A viagem a Belo Horizonte era feita nos trens da Rede Mineira de Viação (RMV) ou em pequenos ônibus, chamados "jardineiras"; uma eternidade, em qualquer dos dois casos. O telefone apenas começava a ser utilizado e da televisão ninguém ouvira falar. O número de veículos podia ser contado nos dedos, sendo o cavalo o transporte mais comum mesmo no perímetro urbano. O fornecimento de energia elétrica sofria frequentes quedas, não sendo raro as escolas noturnas ministrarem as aulas à luz de lampiões ou lamparinas. Entenda-se, pois, como carinho literário a "preguiça" de que fala a poeta dorense Carminha Gouthier: "Dores do Indaiá tinha preguiça de crescer/ ficava quieta sonhando/ entre serras azuis que acordam saudades/ e córregos humildes que lavam o chão". No prefácio que escreveu para uma reedição recente dos poemas de Carminha, meu primo José Hipólito de Moura Faria cita um artigo publicado em 1930 por Maria da Saudade Cortesão, esposa do poeta Murilo Mendes, no qual se lê: "Carminha nasceu em Dores do Indaiá – lá naquelas montanhas onde nunca estive, mas que só posso imaginar escarpadas e azuis, como em Giotto". Na verdade, pondera José Hipólito, "[...] a antiga Capela de Nossa Senhora das Dores do Rio Indaiá não é tão montanhosa quanto a escritora sugere. Cidade pequena, de relevo ondulado, solo vermelho, ensolarada e quente, todo o seu azul se concentra nos horizontes, pincelados pela Serra da Saudade".

Dores do Indaiá, "ensolarada e quente", como todo o oeste de Minas: foi lá que Levindo Lamounier viveu os últimos anos de sua vida. Faleceu em outubro de 1945 – três meses após o colapso do mercado zebueiro e tendo eu apenas dois anos e meio de idade. Hoje, os benefícios da vida urbana, que ele não chegou a conhecer, em grande parte já chegaram a Dores do Indaiá. O acesso a muitos deles é desigual, como acontece em todo o país, mas essa é outra história. Há calçamento, água encanada, eletricidade, serviços de saúde, quadras de esporte... Isso é bom. A comunidade é hoje mais integrada, a estratificação social não tem a rigidez de antigamente, e não se notam marcas discriminatórias por classe ou raça nem nos festejos populares nem nos religiosos. Por outro lado, dá certa tristeza constatar que belas casas antigas, de inspiração colonial, vão sendo substituídas por construções de estilo moderno, presumivelmente mais práticas. Do encantador silêncio da cidadezinha de outrora nada mais resta. Com os potentes amplificadores de som hoje disponíveis, Dores (como todo o interior brasileiro) passou a conviver com ruídos extremamente agressivos, compartilhando com as grandes cidades esse duvidoso benefício do progresso.

Apesar de sua pacata singeleza, Dores não se enquadra nos estereótipos propagados pela ideologia centralizadora dos antiliberais da primeira metade do século XX, e menos ainda na inflexão protofascista que tal ideologia viria a sofrer nos nove anos da ditadura getulista (1937-1945). Nessa época, martelou-se insistentemente que os governos locais eram uma mera fachada para o poder de fato dos proprietários rurais. Tacanhos e sem iniciativa, sempre envolvidos em lutas de famílias ou cegados pelo facciosismo político, os fazendeiros seriam obstáculos ao progresso, nada realizando pelo desenvolvimento de suas comunidades. Como relata Waldemar de Almeida Barbosa (1964, p. 65-129), desde meados do século XIX, o município registra numerosos empreendimentos significativos e exemplos de cooperação entre as lideranças locais. Fazendeiros dorenses estiveram entre os primeiros a tentar (sem êxito) melhorar a qualidade do gado bovino brasileiro, importando reprodutores Durham da Inglaterra. Li em algum lugar, mas perdi a referência, que a elite local chegou a cogitar a utilização de moinhos de vento no abastecimento de água da cidade. Nessa mesma época, a construção da igreja matriz de São Sebastião, a manutenção de um conjunto musical e a criação de um teatro (Melpômene) resultaram de iniciativas locais e de esforços conjuntos das lideranças do município. Desenvolver o ensino médio foi também uma aspiração antiga, presente já no começo do século XX, quando se registram tentativas de criar uma escola normal. Esse objetivo foi finalmente atingido entre 1928 e 1930, graças a um entendimento firmado entre adversários ferrenhos, os dois principais chefes políticos do município: o padre Luís e Francisco Campos. Esse último tornar-se-ia, infelizmente, célebre como redator da Constituição ditatorial de 1937, mas, antes disso, como secretário estadual no governo Antônio Carlos, teve atuação decisiva na implantação da Escola Normal, que em 1940 já funcionava no espaçoso prédio que ocupa até hoje e se destacava como padrão de qualidade para a região.[10] Pelos padrões da época e daquela distante margem esquerda do rio São Francisco, a escola era realmente esplêndida. Tenho plena consciência de haver sido um estudante médio e em certos períodos até bastante relapso, como contarei, sem falsa modéstia, no restante deste livro. Durante décadas, ao relembrar a experiência dos graus ginasial e científico, fui várias vezes atormentado pelo pesadelo de que estaria fadado a tirar zero numa prova de física ou matemática e pela ideia de que só teria sido aprovado porque meus professores me achavam "promissor". Tenho a mais profunda convicção de que não teria atingido um grau de certo destaque entre os cientistas sociais brasileiros se não fosse a sólida base que nela adquiri.

Dos onze filhos de Levindo e Ana, dez nasceram em Estrela: José Osvaldo (Valdinho), Maria da Conceição, Celina, Maria de Lourdes, Mozart, Teresinha, Violeta, Luiz Gonzaga, Maria Celeste e Arsonval. Só eu, o último, nasci e cresci na casa que meu pai adquiriu em Dores em 1940. Lembro-me bem dela. Ficava fora do limite urbano, mas colada à cidade. De nossa porta

---

10 Era uma escola-modelo. Ali se formaram moças vindas de várias cidades da região do Alto Paranaíba, Alto São Francisco, Oeste de Minas e até de cidades mais distantes. Dores do Indaiá era, então, um dos polos culturais regionais do estado.

à primeira rua seriam talvez duzentos metros, não mais que isso. Era despojada e simples, bem no padrão da pequena classe média rural mineira. Mas tinha certo encanto. Gostava de vê-la de longe, no final da tarde, quando retornava das aulas: à esquerda, uma fileira de cinco ou seis altas mangueiras; bem junto à casa, abrigando-a contra o sol, um sabãozinho; ao fundo, perto do curral, uma bonita moita de bambu gigante.

Nossa casa em Dores do Indaiá. Aquarela de Gonzalo Cárcamo.

Nas manhãs frias – pouco comuns na região –, geralmente nos sentávamos ao redor do fogão de lenha para "quentar fogo". Nessas ocasiões, Mozart gostava de pegar o violão e cantar umas velhas canções que aprendera. Lembro-me, em especial, de "Súplica" ("Aço frio de um punhal foi teu adeus pra mim..."), composição de Otávio Gabus Mendes, uma valsa peculiar por não ter nenhuma rima. Outra de que me lembro, consagrada, se não me engano, por Francisco Alves, era "Cin-

Eu, ainda jovem, com meu irmão Arsonval.

Eu aos cinco anos.

co letras que choram". Vivíamos ainda os tempos de Vicente Celestino, com aquelas letras melodramáticas (quem não se lembra de "O ébrio"?). Orlando Silva (o "cantor das multidões") e Silvio Caldas ("o caboclinho querido") ascendiam meteoricamente, verdadeiros fenômenos. Nelson Gonçalves viria um pouco mais tarde, com a célebre gravação de "A volta do boêmio". Mas música não era o forte da família. Mozart e Luiz eram afinados, os demais se esforçavam, com resultados bem modestos. Acho que foi em 1950 que Mozart comprou um rádio (passamos a seguir o futebol e as novelas do Rio...). Havia uma rádio local, cujo locutor, com uma voz fortemente empostada, parecia sentir um genuíno orgulho quando enunciava seu prefixo: ZYV 22, Rádio Cultura de Dores do Indaiá. Depois do rádio, Mozart comprou uma "radiola", também chamada de "eletrola", quer dizer um toca-discos, com uma coleção de quarenta ou cinquenta discos 78 rpm de vários gêneros. Um dia resolvi utilizar uma parte significativa de minha mesada para comprar um disco que me encantou quando o ouvi na rádio local: a valsa "Andorinhas da Áustria", de Johann Strauss. Toquei-o duas ou três vezes, na quarta veio a tragédia. Deixei-o cair. Os 78 rpm quebravam-se com extrema facilidade; o meu espatifou-se. Chorei a mais não poder.

Devo ressaltar que minha mãe tinha 45 anos quando nasci, portanto as diferenças de idade entre os onze irmãos eram muito grandes. Minhas irmãs mais velhas já haviam se mudado de Dores: Maria e Celina já se haviam casado; Maria de Lourdes (Lourdinha) tornara-se freira na ordem vicentina, lá adotando o nome de irmã Luísa; Teresinha, com quem convivi alguns anos, também logo se casou e foi morar em Frutal, onde residia Celina; Violeta foi para Belo Horizonte e ficou morando na Barroca, na casa de meu tio João, mantendo uma amizade de toda a vida com minha querida prima Isabel. Celina e Lourdinha lecionavam francês no curso médio; curiosamente, ambas gostavam de escrever poemas em francês.

Lourdinha passou um ano na França, depois algum tempo em Niterói, no convento da ordem vicentina, e finalmente voltou para Minas, tendo dirigido colégios vicentinos em Luz, São Gotardo e Bom Despacho.

Fora Lourdinha, minha família era muito pouco religiosa. Íamos à missa, cumpríamos os rituais, mas não passávamos disso. Devo, aliás, confessar que nunca acreditei na mitologia de Minas Gerais como um estado apegado a um catolicismo profundamente tradicionalista. Apegado à Igreja, por ser quase a única que existia no interior, sim, mas daí não se segue que houvesse grande introspecção ou devoção doutrinária. Diferentemente da Espanha, por exemplo, onde o catolicismo dispõe de uma enorme massa de recursos – um grande número de igrejas e padres –, a de Minas, talvez do Brasil em geral, era assaz modesta. Sua penetração na sociedade era epidérmica.

No mesmo depoimento incluído no livro de Célia Lamounier de Araújo, Gomide Borges afirma que "Levindo sempre se interessou por política. Em tempo de eleições, ele e sua esposa, dona Ana, eram ardorosos e atuantes cabos eleitorais de seu partido. Seus filhos Mozart, José Osvaldo Lamounier e Luiz Gonzaga Lamounier também tiveram atuação política. Mozart foi eleito vereador em 1958, mas faleceu antes de iniciar seu mandato". Em Dores, éramos todos adeptos do Partido Social Democrático (PSD) e, em particular, de Juscelino Kubitschek. Quando da candidatura deste à Presidência da República, em 1955, minha mãe percorreu áreas rurais ensinando roceiros a assinar o nome para que se habilitassem a votar, instando-os a votar em Juscelino. Mais extraordinário ainda, ela fez de tudo com o juiz local para que meu irmão Luiz, que completaria dezoito anos em 4 de outubro, pudesse votar na eleição que se iria realizar no dia anterior!

Nos primeiros tempos, o fornecimento de energia elétrica era muito deficiente, mas o rádio tornou-se mesmo assim essencial à vida da cidade; através dele, os moradores punham-se em contato com o grande mundo exterior, inclusive com o Rio de Janeiro. É, aliás, a força do rádio que explica um paradoxo notado pelas gerações mais jovens, sobretudo no Rio e em São Paulo: o fato de um enorme número de aficionados do futebol do interior mineiro, senão de todo o país, torcer mais apaixonadamente por um clube do Rio do que para os de seu estado. É que as rádios do Rio, mais potentes, eram captadas com muito mais nitidez no interior que as de Belo Horizonte – e mais até que as de São Paulo. Assim, o hábito de acompanhar as novelas, os programas de auditório e os jogos de futebol da então capital federal enraizou-se profundamente, daí decorrendo a curiosa duplicidade do interior, que durante muito tempo ostentou uma face cosmopolita e outra local, isolada, provinciana. Em Minas, esse fato teve um perceptível desdobramento no tempo: foi somente com a construção do Mineirão que Atlético e Cruzeiro, os dois grandes clubes da capital, tornaram-se efetivamente nacionais. Em nossa casa, a coisa se dava da seguinte maneira. Em Minas, o único cruzeirense era Osvaldo, os demais éramos atleticanos fanáticos. No Rio, cada um era uma coisa: Valdinho, Botafogo; Luiz, Fluminense; Maria Celeste, Flamengo; Arsonval, América; e eu, Vasco, até hoje.

Como antecipei, tive o privilégio de cursar o primário nas "classes anexas", turmas mantidas pela Escola Normal Francisco Campos a fim de proporcionar uma experiência prática às normalistas. Minha mãe conseguiu inscrever-me antes de eu completar sete anos, que era a idade mínima exigida. Naquele trecho da vida, dos sete aos dez anos, minha timidez era indescritível. Uma atividade, em particular, me aterrorizava: a "rodinha de histórias". Toda segunda-feira, logo na primeira hora, a professora organizava a classe num formato oval para que cada um de nós contasse um fato interessante que tivesse vivido no fim de semana. A história mais aplaudida pela classe era escrita na lousa. Eu sempre inventava uma bobagem qualquer: fui visitar minha tia, ou ouvi pelo rádio um capítulo da novela *Jerônimo, o herói do sertão*. Certo dia, na volta das férias, ao mesmo tempo que me senti maravilhado, pude aquilatar a extensão do vazio que nessas ocasiões ocupava minha alma. Exalando alegria, minha colega Terezinha Ferreira Faria contou que a família a levara para conhecer o Rio de Janeiro. Contou que vira o mar, que pisara na areia, que sentira o empurrão das ondas. Mas a sorte não tardou a bafejar-me. Poucas semanas depois, tive uma história para contar. O primeiro pasto de nossa propriedade lindava com o perímetro urbano; a divisa ficava a cerca de trezentos metros do prédio onde funcionava a cadeia, atualmente ocupado pela Prefeitura. Caminhando por aquele pasto, encontrei um "pa-

pagaio" (como se diz em Minas, noutros estados diz-se "pipa") em tudo e por tudo surpreendente. Primeiro, porque era redondo, algo que eu, *expert* no ramo, jamais havia visto. Segundo, tinha no meio, em letras bem grandes, a palavra "CADEIA". Pronto, ganhei o prêmio do dia.

Lembrei-me desse episódio décadas depois, ao regressar de um compromisso no Rio; olhando o horizonte pela janela do Electra, ocorreu-me "reinventar" a pipa redonda. Em poucos dias, dominei a arte de montá-la e a técnica de empiná-la. Thiago de Mello, o grande poeta amazonense, publicou em 1983 um lindo livro sobre essas pequenas pipas que encantam as ruas da periferia. Seu título já é uma delícia: *Anotações sobre a arte e a ciência de empinar pagagaio, feitas por Thiago de Mello ao longo de cinquenta anos de apaixonada aprendizagem*. Autografou meu exemplar com estes dizeres: "Para Bolívar, mestre inventor, com o respeito de um mestre empinador".

Nossa diplomação no primário deu-se no dia 7 de dezembro de 1953. Curiosamente, o convite, por sinal bem modesto, listou nossos nomes sem a tradicional ordem alfabética, o que até hoje não entendi: Bolívar Lamounier, Geraldo Faria Moura, Terezinha Ferreira Faria, Henrique Moura Faria, João Gabriel Alves, José Faria de Moura, Luiz Carlos Fiuza, Pedro Cordoval Filho, Roberto Carlos de Carvalho Almeida, Wandermon Alves Brandão, Ana Zita Rodrigues, Angélica Dias de Carvalho, Eunice de Alencar França Braga, Elzira Fernandes, Ilza de Oliveira, Maria Alba de Oliveira, Maria Dalva Santos Rodrigues, Maria Elena Pinto, Maria José de Morais, Maria Waldete Pinto da Costa, Mércia Maria de Morais, Nely de Oliveira, Raquel Maria, Sílvia Alves Júnior. Tendo de percorrer uma distância considerável até a escola, eu me roía de inveja dos que moravam bem perto dela. Terezinha morava praticamente ao lado; Maria Dalva, um pouco abaixo, ao lado da ZYV 22, Rádio Cultura; Luiz Carlos, mais um quarteirão abaixo, em frente à antiga estação rodoviária; Mércia, no lado oposto, perto do pensionato...

No meu caso, a partir de sete anos, a distinção entre folguedos e trabalho tornou-se muito tênue. Eu ajudava nas plantações de milho e feijão, numa de algodão que não deu muito certo, e entrava no arrozal com água até a cintura a fim de espantar passarinhos, ora com estilingue, ora com uma daquelas espingardas simples, de carregar pela boca (pólvora, bucha, chumbo, bucha); seu alcance era curto, o que importava era o barulho. Além disso, quase todo dia, bem cedo, a pedido de Mozart, eu ia pegar o cavalo no pasto, às vezes entregava leite na vizinhança (numa égua, com um latão de cada lado), e, mais importante, trabalhei nas olarias, assunto apaixonante, que retomarei logo adiante. Durante todo esse tempo, não tive brinquedos industrializados; Arsonval e eu, trabalhando em madeira, nos divertíamos fazendo vários que fomos aprendendo com o tempo.

Às vezes íamos pescar lambaris, bagres e traíras em alguns córregos e poções existentes na propriedade. Outro divertimento que adorava era fazer gaiolas e alçapões para pegar passarinhos, principalmente canarinhos cabeça-de-coco, pintassilgos e curiós. Sentados no chão, numa área externa da casa, Arsonval e eu arranjávamos alguma madeira macia – a melhor era o pinho das caixas de bacalhau –, serrávamos as hastes rigorosamente iguais que iriam formar as grades, fazíamos nelas os orifícios por onde passaríamos finas varetas de bambu e depois as pregávamos numa base – uma tábua inteira – que viria a ser o chão da gaiola. Furar os orifícios era a parte mais difícil. Na simplicidade de nossa vida, não tínhamos boas ferramentas; furadeiras, com certeza não, nem mesmo manuais. A técnica que desenvolvemos consistia em cortar um pedaço roliço de madeira, algo como dez ou doze centímetros, e fincar um prego numa das extremidades. Em seguida, desgastávamos a cabeça do prego até torná-la pontiaguda, usando para isso uma lima ou simplesmente esfregando-a no cimento do chão. Aí, com aquelas furadeiras pré-históricas, nos púnhamos a furar os orifícios nos intervalos rigorosamente marcados a lápis nas grades de madeira. Para aves maiores, como juritis e saracuras, o trabalho nada tinha de extenuante. Bastava fazer arapucas, ou então armar *laços,* vergando um galho de um arbusto qualquer, que as prendiam pelo pescoço. Na propriedade havia vários trechos de bambuzal, um deles margeando uma área úmida, típica de brejo, ambiente propício ao aparecimento de saracuras. Certa manhã fui checar os laços que deixara armados na noite anterior e lá estava uma saracura enorme, presa, debatendo-se. Meu coração disparou pensando no orgulho com que a levaria para o almoço. A emoção foi tanta que a deixei escapulir.

Aos domingos, um grupo de amigos, não só colegas de escola, ia assistir à missa na igreja matriz. Quanto me lembre, não éramos muito religiosos, tanto assim que ficávamos bem próximos à porta principal, ou até um pouco fora, para nos mandarmos logo que o padre terminasse a "Salve Rainha". Não só nós, meninos, mas a sociedade em geral, até onde consigo me lembrar, nunca me pareceu tão religiosa. Jamais levei a sério os estereótipos sobre a religiosidade da "tradicional família mineira". Tradicional noutros sentidos ela talvez fosse, mas em religião, não creio. Como na maior parte do Brasil, em Minas havia poucos padres e poucas igrejas: o suficiente para assegurar o ciclo semanal do comparecimento à missa, mas de forma alguma a introspecção religiosa, a devoção doutrinária. Nisso, Sérgio Buarque de Holanda acertou na mosca ao recuperar o dito do cronista Barlaeus, de 1641: "Não existe pecado do lado de baixo do equador".

Terminada a missa, alguns de nós íamos jogar sinuca num bar situado no lado oposto da praça da matriz, outros iam nadar no rio Indaiá. Nesse tempo, a cidade não tinha piscinas, nem públicas nem nos clubes particulares. De terno e gravata, percorríamos aqueles poeirentos três ou quatro quilômetros, escondíamos as roupas no mato e saltávamos no rio. De século em século aparecia algum automóvel, problema que resolvíamos com facilidade, escondendo-nos sob a ponte.

A parte "inegociável" de meus entretenimentos eram a matinê de domingo (*Tarzan*, *Durango Kid*...) no Cine Indaiá, as revistas em quadrinhos e a *Revista dos Sports*, que chegava aos sábados, no ônibus do meio-dia, e cuja seção mais empolgante eram os croquis dos gols do fim de semana anterior. Claro, eu já havia ouvido os jogos pelo rádio, mas me empenhava no estudo de tais croquis, a fim de determinar como foi exatamente que o ponta-esquerda Sílvio Parodi batera a falta. Foi assim, desde a mais tenra infância, que contraí minha imorredoura paixão de vascaíno. Sem esquecer que a seleção brasileira de 1950 tinha uma maioria de vascaínos entre os titulares.

Com o hábito de ler adquirido nas revistas em quadrinhos e com o estímulo de meu irmão mais velho, José Osvaldo, que acompanhava atentamente a política nacional, o hábito de ler diariamente o *Estado de Minas* veio como algo natural. Mas eu usava o jornal com o objetivo de adquirir "cultura" cinematográfica que causava admiração em meus parentes e em visitas que por lá apareciam. Com duas hastes de madeira furadas nas extremidades, eu prendia com barbante umas vinte folhas de papel de pão de trinta por cinquenta centímetros, aproximadamente. Ia, em seguida, às duas últimas páginas do *Estado de Minas*, recortando com extremo cuidado os anúncios referentes à programação dos cinemas da capital. Organizava-os meticulosamente, pregando-os com grude de farinha nas folhas de papel de pão. Certa vez minha prima Isabel e seu noivo, José Osvaldo Gontijo, vieram visitar-nos e ficaram pasmos ao constatar que eu sabia os nomes de todos os filmes e respectivos atores. De fato, eu não apenas colecionava, mas estudava todos aqueles anúncios, como se cada um deles procedesse de um mundo à parte, uma esfera mágica onde reinasse a mais pura arte. Nunca os vira na tela, mas tinha a maior intimidade com Robert Taylor, Humphrey Bogart, Ava Gardner, Gary Cooper...

Quase não pratiquei esporte, e por isso guardo até hoje a convicção de que o mundo perdeu um grande atleta. Franzino como era, minha mãe se preocupava muito comigo. De fato, naqueles tempos, fraturar a fíbula ou romper um ligamento seria um deus nos acuda, pois o único tratamento possível seria na Santa Casa de Misericórdia, obviamente desprovida de recursos. Em particular, minha mãe temia o futebol, dada a mescla de jovens de várias idades e em estágios muito diferentes de desenvolvimento físico. O Zacarias FC era mais próximo ao nosso lado político, o PSD de Juscelino Kubitschek; o Dorense era mais alinhado com a União Democrática Nacional (UDN). Participei de treinos no infantil de ambos, sem nunca atingir um nível técnico excepcional. Formava dupla com um de meus melhores amigos, Pedro

Lopes, filho do Dinho, o dono do ônibus que fazia a linha entre Dores e a vizinha Abaeté. Como éramos muito ruins e mais jovens que a média da turma, os técnicos encontraram uma solução engenhosa, mas humilhante: escalavam-nos para jogar juntos na ponta direita. Os dois na mesma posição. Doze contra onze.

Outro motivo de preocupação para minha mãe – pode ser impressão minha, ela nunca me disse isso explicitamente – era que os caminhos que levavam aos dois clubes passavam por bairros que ela via com severas restrições. Para chegar ao Dorense, tínhamos de passar por alguns bolsões, digamos assim, boêmios. Do lado do Zacarias, além de bolsões boêmios, havia uma certa concentração de negros, que possivelmente lhe inspirasse medo. Com ou sem segregação racial explícita, era perto do Zacarias que se concentravam os *congos*, grupos de cultura predominantemente africana, que celebravam a festa de Nossa Senhora do Rosário desfilando, dançando e batucando pela cidade. Isso também envolvia algum grau de distanciamento por religião, raça e classe social. Lá, hoje, preconceitos desse tipo estão reduzidos ao mínimo, se é que ainda existem. A festa do Rosário é um momento de confraternização firmemente estabelecido na cultura religiosa da cidade, com dezenas de grupos de congado, o que também se observa nos municípios circunvizinhos.

Com a morte de meu pai, José Osvaldo e Mozart tiveram de assumir a responsabilidade de provedores principais da família. E uma divergência não tardou a surgir entre eles. Valdinho tinha paixão por gado, queria prosseguir criando e negociando reprodutores zebuínos. Mozart, argumentando que a manutenção da família requeria uma geração de renda rápida e contínua, algo que o gado não poderia assegurar, conseguiu impor seu ponto de vista e partimos, então, para a implantação de duas olarias para a produção artesanal de tijolos. Em retrospecto, penso que, realmente, não teríamos recursos para a manutenção da família.

Durante muitos anos fomos provavelmente os principais fornecedores de tijolos para as construções da cidade, inclusive para o Cine Teatro Indaiá, edificado, se não me engano, por volta de 1952. Três ou quatro anos depois, a demanda quase desapareceu e entramos num processo irreversível de empobrecimento.

Lembro-me perfeitamente das olarias daquele tempo; posso descrever em minúcias o encadeamento das operações que resultava na produção de tijolos comercializáveis. Primeiro, carroças traziam terra

Meu irmão José Osvaldo na cerca do curral.

preta e terra vermelha, a primeira colhida perto de um brejo e a segunda, de um barranco, e as jogavam num poço retangular de aproximadamente cinco metros por três de lado e dois de fundura. Aí, despejando-se muita água em cima delas, tinha início a formação da argamassa. Dentro do poço, afundado até a barriga na mistura que começava a se constituir, manejando uma pá de cabo longo, um trabalhador jogava-a para dentro da pipa (uma barrica, semelhante a um tonel de vinho, mas umas dez vezes maior). Precisava ser um homem forte, porque o esforço era brutal, e o movimento se repetia centenas de vezes por dia. Nos primeiros tempos, tínhamos o Domingos, um negro enorme, cego de um olho, que trabalhava nisso desde as primeiras horas da manhã até por volta das três da tarde.

Dentro do barril havia um forte esteio de madeira, na posição vertical, do qual saíam numerosas "facas" de madeira dura, colocadas de forma assimétrica, que ficavam girando, quebrando e triturando a mencionada argamassa até transformá-la em um barro homogêneo. O que fazia girar o eixo era uma junta de burros ou de bois, puxando um travessão posicionado acima da pipa; hoje em dia, é possível que usem algum pequeno veículo, não sei.

No nível do chão, havia uma abertura oval com uma base de mais ou menos meio metro de largura, por onde o barro saía ininterruptamente à medida que a pipa ficava cheia. Com um carrinho de madeira de uma roda só, aberto nas laterais, outro trabalhador pegava cerca de cinquenta quilos desse barro e o distribuía entre os "terreiros" – as áreas

Olaria no município de Mineiros, Goiás: produção artesanal de tijolos.

onde a forma desejada lhe seria imposta, convertendo-o finalmente em tijolos. Em cada terreiro havia uma mesa e um caixote com uma poeira fina, passada na peneira. Colocado sobre a mesa, o trabalhador responsável cortava-o com as mãos e o batia (literalmente) em fôrmas, cada uma em geral para dois tijolos. Com uma haste de metal, ele cortava o barro que sobrava acima das beiradas da fôrma, sendo esta, então, passada a um ajudante, amiúde mais jovem, que trabalhava no caixote acima referido e tinha por função depositar o conteúdo da fôrma no chão, em fileiras retas, cuidadosamente dispostas. Voltando depressa ao caixote, ele aplicava a poeira fina às superfícies internas da fôrma, operação indispensável para evitar que o barro grudasse nelas. Ele, então, devolvia ao cortador essa fôrma vazia, "preparada", e pegava a outra, cheia, caminhando rápido para depositar os dois novos tijolos nas fileiras.

Com o terreiro cheio, era preciso esperar dois ou três dias para que os tijolos "verdes" não fossem danificados pelo manuseio; nessa fase, eles eram colocados na posição vertical, para que suas outras superfícies ficassem expostas ao sol. Fiz isso centenas de vezes, já que pés de criança tinham menos chance de esbarrar nas laterais dos tijolos, estragando-os. Mais alguns dias, já bem secos, eles eram empilhados nas laterais do terreiro. Nessas pilhas ou muros laterais, os tijolos podiam ainda ser danificados por chuvas; ao menor sinal delas, às vezes até de madrugada, os oleiros saíam em disparada para cobri-los (no passado com feixes de sapê, agora provavelmente com plástico).

Quinze ou vinte dias depois, já bem secos e duros, os tijolos eram levados para queimar numa "caieira", um cubo com quatro ou cinco metros de altura, montado com os próprios tijolos; lembrando uma construção árabe, essa era uma montagem complexa, a única parte do processo que exigia conhecimento especializado. Na parte da frente havia geralmente três ou quatro "bocas", quero dizer, aberturas ovais com cerca de um metro e meio de altura, através das quais entrava a lenha necessária para queimar os tijolos. A lenha precisava ser renovada continuamente, a fim de manter a intensidade do fogo. O grande cubo árabe queimava por três ou quatro dias. Enquanto isso, naquela época, a peãozada ficava ali a noite toda, abrigando-se do frio, contando lorotas, comendo mandioca assada com carne; hoje, suponho que consigam ligar uma TV para assistir às novelas e ao futebol. Dias depois, concluídos a queima e o resfriamento, os tijolos eram empilhados ou arranjados cuidadosamente em carroças ou caminhões para serem levados aos compradores. Para ganhar tempo, um oleiro jogava os tijolos de dois em dois a outro; era uma arte, os tijolos voavam juntos e eram recebidos pelo segundo oleiro sem nenhuma dificuldade. O modo-padrão de empilhar os tijolos era em pilhas de 250: dez níveis de 24, cada um baseado em quatro blocos de seis e, no topo, dez tijolos arrumados num padrão 4-3-2-1. Nos escombros da caieira, em tonalidades rosadas e azuis, ficava uma grande quantidade de poeira – resíduos provenientes da madeira queimada ou caídos dos próprios tijolos – para ser peneirada e colocada nos caixotes dos terreiros, com o que o ciclo se reiniciava.

 Em 1954, findo o curso primário nas "classes anexas", matriculei-me no primeiro ano do Curso Técnico de Comércio, muito mais fraco que o ginásio, embora equiparado a ele. A principal desvantagem era a ausência do latim no currículo; muitos anos mais tarde, sentindo a lacuna, tentei aprender sozinho os rudimentos. O ginasial funcionava na parte da manhã; o Curso de Comércio era mais barato e tinha a vantagem de ser ministrado à tarde ou à noite, o que me permitia cumprir minhas obrigações na fazenda.

 Um detalhe de que meus leitores talvez não se recordem é que, naquela época, crianças andavam de calças curtas. Para a maioria das famílias, esse era um ponto inegociável. Mas agora, já próximo de completar onze anos e matriculado no segundo ciclo, essa restrição me envergonhava. Devo ter advogado meu ponto de vista com rara maestria, pois minha mãe o aceitou de imediato, e foi mais longe: sugeriu que eu mesmo fosse à Casa Lacerda, a mais tradicional da cidade, escolher dois ou três padrões que me agradassem. Orgulhoso, lá cheguei e pedi ao balconista que me mostrasse alguns. Estava a compará-los quando algo inaudito aconteceu.

De súbito, formou-se um alvoroço. Todos os presentes na loja se reuniram em torno do rádio, ligado a toda altura para compensar o som rouco do aparelho. Obviamente, algo extraordinário havia acontecido. Não entendi tudo, mas captei o essencial. Estávamos na manhã do dia 24 de agosto de 1954. O presidente Getúlio Vargas acabara de se matar com um tiro no peito.

ÁLBUM DE FAMÍLIA

Minha mãe, Ana Moura Lamounier, aos 72 anos.

José Osvaldo Lamounier (Valdinho).

Maria da Conceição Lamounier Mendonça.

Celina Lamounier D'Alessandro.

Maria de Lourdes Lamounier (irmã Luísa).

Mozart Lamounier e sua filha Raquel.

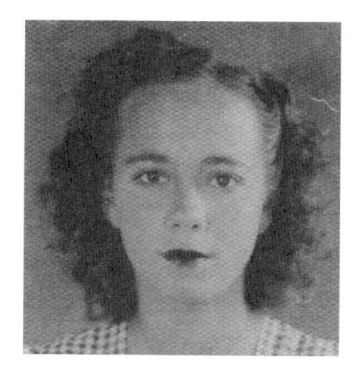

Teresinha Lamounier Ferreira.

Violeta Lamounier Lapa.

Luiz Gonzaga Lamounier com seu filho Marcelo.

Maria Celeste Lamounier.

Arsonval Lamounier.

Eu aos onze anos.

6. BELO HORIZONTE, 1957 – A MAJESTADE DA AVENIDA AMAZONAS

No fim de 1956, minha mãe decidiu que os três filhos mais novos – minha irmã Maria Celeste, meu irmão Arsonval e eu – deveríamos nos mudar para Belo Horizonte, para trabalhar e prosseguir nos estudos. Até onde me lembro, me senti confuso. Além de perder muitos amigos, a cidade grande não exercia sobre mim um fascínio particular. Mas lá fomos, creio que na primeira ou segunda semana de 1957.

O ônibus proveniente de Dores entrava pela avenida Amazonas. Quem conhece Belo Horizonte sabe que tal avenida tem certa majestade, mas imagine o leitor o que senti ao vê-la pela primeira vez. Uma imensidão. Ocupando o assento da janela direita, vi o Cine Amazonas, cuja programação me habituara a acompanhar por meio do jornal *Estado de Minas*, conforme relatei no capítulo anterior. Pareceu-me tão luxuoso quanto nos meus recortes. Lá estava eu, pronto para iniciar uma vida sem nenhum sinal de orientação que me ajudasse a esboçá-la em minha mente.

Chegamos à capital sem uma estrutura definida de vida. *Sem uma estrutura definida de vida*: vendo o que acabo de escrever, percebo que procurei evitar o sofrimento da lembrança. Em bom português, nossa situação era de extrema penúria. A começar pelo fato de que não podíamos ficar todos no mesmo lugar. Arsonval e eu passamos alguns dias numa casa próxima ao que viria a ser a Cidade Industrial; localizada onde hoje é Contagem; uma casa ainda em construção, sem janelas e obviamente sem mobiliário. Dormíamos no chão, sobre jornais. Não havia nas imediações um lugar onde pudéssemos obter refeições. Alguém nos trazia uma marmita – não me lembro dos detalhes disso. Um vizinho, a uns quinhentos metros, tinha telefone, e foi por intermédio dele que uns cinco dias após nossa chegada recebi um recado urgente: devia me apresentar imediatamente ao Hotel Ambassy, na esquina da rua Caetés com a avenida Afonso Pena, onde havia uma vaga para contínuo (ou *office boy* aprendiz, como constaria em minha carteira de trabalho). Precisei de uma autorização especial do Juiz de Menores, uma vez que não tinha catorze anos completos. Maria Celeste ficou com minha mãe no bairro Anchieta, atual Sion, numa casa simples, mas logo conseguiu trabalho na Cerâmica São Caetano, uma loja de prestígio. Com o salário dela, mais o meu e mais as gratificações que recebia no hotel, pudemos ir morar juntos na casa do Anchieta. Arsonval tão cedo não conseguiria trabalho, uma vez que lhe faltava a quitação com o serviço militar. Para mim, era humilhante usar o uniforme do hotel e depender de gratificações, mas conseguir a vaga logo ao chegar a Belo Horizonte foi providencial, dada a condição econômica em que nos encontrávamos.

O emprego no Ambassy era-me conveniente sob outro aspecto, além da remuneração. O hotel ficava a poucas quadras da Escola Técnica de Comércio da Associação dos Empregados no Comércio (AEC), na rua Curitiba, onde logo me matriculei para fazer o quarto ano. Trabalhando das oito ao meio-dia e das duas às seis da tarde, sobrava-me tempo para tomar um rápido lanche, fazer às pressas algum exercício pendente e pegar a primeira aula, que começava às sete. A classe surpreendeu-me de uma maneira muito favorável, todo mundo muito amigo e brincalhão. A escola distava talvez duzentos metros do Cine Art-Palácio, outro considerado luxuoso, especializado em cinema italiano. Vez por outra eu me animava a assistir à sessão das dez, algo que minha mãe não apreciava nem um pouco, pois nesses dias eu não chegava em casa antes da uma da manhã.

O que me levou a sair do Ambassy foi uma falha disciplinar. A turma da AEC ia fazer um torneio de futebol na manhã de 7 de setembro, obviamente num campo de terra, distante, bem de acordo com o figurino da época. Pedi licença ao gerente do hotel para participar da pelada, propondo bater o ponto às três da tarde e espichar até as nove. Não calculei o estado de exaustão em que a pelada iria me deixar, franzino como era e sem praticar nenhuma atividade física havia muito tempo. Faltei ao trabalho e fui despedido, claro.

Foi na AEC, salvo melhor juízo, que percebi pela primeira vez um sentimento de amor apaixonado; adolescente, mas apaixonado. A princesa era Marci, minha colega de classe. A essa altura minha família havia se mudado para o bairro de Santo Antônio, próximo ao dela, de modo que frequentemente tomávamos o mesmo ônibus e conversávamos durante o trajeto. Uma circunstância curiosa é que Marci tinha duas irmãs mais velhas, Marni e Marli, e as três integravam o time de vôlei do Minas Tênis Clube. Às vezes eu ficava extremamente confuso, com a sensação de estar apaixonado pelas três. Mas além de minha invencível timidez, eu tinha ainda quinze anos ao concluir o curso, e sabia que ela já passara dos dezoito. Só um ano depois tomei coragem de lhe fazer a proposta "formal" de namoro. Ela aquiesceu – não me lembro se com ou sem entusiasmo –, mas o romance foi assaz efêmero. Naqueles tempos, o rapaz tinha de ser mais velho que a moça; essa era uma norma social inviolável. Logo nos primeiros dias, fomos ao excelente Cine Pathé, situado em nosso bairro. Deu-se que o filme era proibido para menores de dezoito. Pronto, fui barrado e o namoro acabou ali mesmo, durando só o suficiente para eu levá-la de volta à sua casa.

Depois do Ambassy, empreguei-me no Banco da Lavoura, um dos maiores de Minas, sediado na praça Sete, a principal referência geográfica de BH. Outra vez como contínuo. Fui bem por alguns meses, mas não me acostumei ao trabalho, mais ou menos pelas mesmas razões que me incomodavam no hotel.

Pedi demissão e gastei muita sola de sapato à procura de um novo emprego, até que surgiu uma oportunidade interessante: trabalhar como inspetor de alunos no Colégio Lúcio dos Santos, onde eu pretendia também estudar, transferindo-me para o curso científico. Cursava o científico na parte da manhã e trabalhava como inspetor de alunos à tarde, horário do ginasial. Minha função era manter a disciplina entre os estudantes – meninas em sua maioria. O problema principal era zelar pela pontualidade, anotando na carteirinha individual os atrasos, mas a situação era pitoresca, pois aos quinze anos eu tinha autoridade para suspender os que cometessem infrações mais graves. Um que me tirava do sério era Nelson Ned, um garoto deficiente em estatura e com voz poderosíssima, que anos mais tarde se consagraria como cantor profissional. Chegava sempre atrasado, mas, para amenizar o "pito" que eu certamente lhe daria, já do portão do jardim de entrada ele disparava: "¿*Donde estará mi vida/ Por qué no viene?*". Acresce que a família proprietária do colégio era extremamente conservadora, tendo mesmo, salvo melhor juízo, simpatizado com o movimento integralista de Plínio Salgado, que exerceu enorme influência no período anterior à ditadura getulista. A diretora, dona Josephina dos Santos, foi sempre corretíssima comigo, mas a rígida visão que nutria acerca das mudanças comportamentais então em curso na sociedade brasileira levava-a a frequentemente repreender os alunos e sobretudo as alunas, muitas das quais já davam sinais de certa agitação adolescente.

A localização do colégio, na esquina da avenida Getúlio Vargas com a rua Rio Grande do Norte, permitia-me fazer a pé o percurso até o bairro de Santo Antônio, onde minha família passou a residir. Era um estabelecimento bem mais fraco que os outros da redondeza, tendo granjeado uma sólida fama de "boate". Em cada classe, os dois ou três que se empenhavam em levar o estudo a sério sofriam sob a propensão desordeira da maioria. Um dia pegamos o professor de inglês num corredor escuro e demos-lhe uma "livrada" – quero dizer, uma surra de livros. Noutra ocasião, Tarcísio Amorim, que era funcionário do equivalente local do Instituto Butantan, levou uma cobra enrolada na barriga e soltou-a sob a cadeira da professora de francês, que obviamente desfaleceu. Apesar de tudo isso, nos dávamos bem com dona Josephina, que nos tratava de uma maneira até afetuosa.

Naquele ambiente divertido, ficamos todos muito amigos. Vários de nós nos frequentávamos mutuamente. Por volta das onze horas, no fim das aulas, costumávamos caminhar em pequenos grupos, uns até a sorveteria da esquina, para ver a saída das moçoilas do Colégio Sacré Coeur, outros já de volta para casa. Roberto Elísio, bem mais velho que eu, já editor do *Estado de Minas*, fez questão de levar-me à sua casa para iniciar-me no que chamava "boa música", o que, para ele, significava o cantor Orlando Silva, primeiro e único. Outro por quem nutro uma imensa saudade foi Flávio Vieira Fonseca, um de vários irmãos, todos extremamente simpáticos e afetuosos. Frequentei muito a casa deles, que ficava numa subida da rua Raul Pompeia, no bairro do Carmo. Flávio tinha dois irmãos mais velhos, Francisco e Fúlvio, este àquela altura já quase formado em Engenharia, e uma irmã, Vera Suzana, que fazia o curso normal, mas sempre participava de nossas conversas e brincadeiras. Com uma voz excelente, ela era *expert* nas canções da ascendente bossa nova ("Dindi", "Se todos fossem iguais a você", "Eu não existo sem você"...). Anos mais tarde, ela me disse que "flertava" comigo sem parar, mas eu não entendia. Entender eu até que entendia; o que me brecava era a timidez, àquela altura reforçada pela diferença de idade, que me valera um duro dissabor no caso da Marci. Nossas datas de aniversário eram bem próximas, ambas em abril; eu estava para fazer dezesseis e ela ia fazer dezoito. A partir de 1961, quando entrei para a faculdade, e nos anos de 1965 a 1968, período de minha pós-graduação nos Estados Unidos, nossos contatos tornaram-se muito raros. Voltei a vê-la em meados de 1966, quando regressei a Belo Horizonte na expectativa de colher dados para minha futura tese. Dessa vez, por pouco não nos envolvemos numa relação amorosa de verdade, mas quis o destino que isso não acontecesse, como relatarei adiante.

Aborreceu-me muito não poder votar na eleição presidencial de 1960, dado que só completaria dezoito anos em abril de 1961. O debate não era permitido nas dependências do colégio, mas, claro, discutíamos o tempo todo pelos corredores e no pátio. Eu votaria no general Lott, sem nenhuma dúvida; em minha casa, de tão pessedistas sempre nos referíamos a ele enunciando seu nome completo: marechal Henrique Batista Duffles Teixeira Lott. Deu Jânio Quadros. Durante a campanha, deviam ser bem vagos os prognósticos que me vinham à mente, mas hoje não tenho dúvida, os resultados foram piores do que os que eu teria imaginado.

Anos mais tarde, creio que por volta de 1975, recebi de Fúlvio Fonseca uma carta em que ele relembrava uma conversa que tivemos no portão de sua casa, nas últimas semanas de 1960, logo após a eleição de Jânio Quadros para a Presidência da República. Essa carta tocou-me fundo o coração, mas deixei-a sumir na confusão de minha papelada. O essencial era a confiança com que ele falou sobre o Brasil. Estava convicto de que a partir dali nosso país tinha tomado jeito. A eleição fora um avanço irreversível. Chegáramos, finalmente, à alternância pacífica no poder, numa eleição que contara com participação recorde. Respondi-lhe que não estava convencido disso; que a eleição fora de má qualidade, raivosa e demagógica, contaminada pela personalidade abominável de Jânio Quadros. Expressei-lhe meu temor de que o país estivesse envolto em aparências enganosas. E ele, então, recordando nosso diálogo, disse-me: "Você era um menino, mal completara o colegial...".

A primeira metade dos anos 1960 foi a época em que o piano ficou mudo na sala de visitas e o violão saiu para a rua com a garotada. Todo mundo queria estudar o instrumento ou pelo menos o chamado "brinquedo proibido", bonito arpejo tocado por Narciso Yepes no filme *Jeux interdits*. Eu mesmo fiz algumas tentativas, com resultados sofríveis – não por culpa dos meus professores, pois estudei com dois grandes mestres da época, José Martins (em Belo Horizonte) e Isaías Sávio (em São Paulo) –, mas foi graças a elas que desenvolvi uma capacidade de apreciação musical de que muito me orgulho. Nossa turma do bairro de Santo Antônio gravitava em torno de um boteco situado na esquina da rua Levindo Lopes com a avenida do Contorno, distante não mais que cinquenta metros da residência de Raul Marinuzzi, exímio violonista, filho do maestro George Marinuzzi. Teoricamente, os bares não podiam servir bebida alcoólica a menores de dezoito anos, mas o fato é que nós todos tomávamos muita cerveja, alguns tomavam *cachacola* ou vodca com guaraná, e uns poucos até se aventuravam no *traçado* (rum com Cinzano). Geralmente levávamos os copos para fora e ficávamos conversando na rua. Sempre havia história de fulano tentando namorar beltrana – o que não era fácil, dada a timidez que perdurava entre nós, em parte neutralizada pelas festinhas dançantes que aconteciam quase toda semana, nas quais as paqueras pouco a pouco se desenvolviam ao som de *Feito para dançar*, de Waldir Calmon, e de clássicos como Nat King Cole e sua "Maria Elena" ("Tuyo es mi corazón/ El sol de mi querer..."). Vantagem, segundo o folclore libidinoso e provavelmente mentiroso daqueles tempos, tinham os afortunados que já dispunham de uma lambreta, motoneta ou algo equivalente. Automóvel, nenhum de nós possuía.

De um bairro a outro surgiu, não direi uma animosidade aberta, mas certa ojeriza, ou quem sabe uma diferença doutrinária entre os adeptos da *bossa velha* (Nelson Gonçalves, Silvio Caldas, Orlando Silva) e os da *bossa nova*, que despontava sob a batuta do maestro Tom Jobim, os acordes compactos de João Gilberto e a simpatia de Sylvinha Telles. De fato, nos albores da bossa nova, diversos estudiosos recorreram abundantemente a distinções entre estilos "tradicionais" e "modernos", pretos e brancos, burgueses e proletários – a meu ver com pouco proveito. José Ramos Tinhorão chegou a escrever que a nova linguagem poética e, principalmente, a estrutura jazzística da bossa nova redundavam numa malfazeja expropriação do patrimônio musical das classes desfavorecidas. Eu mesmo tive essa percepção, vendo nas primeiras gravações de João Gilberto um gênero aborrecido e, mais que isso, uma invasão desrespeitosa dos antigos domínios da valsa, da seresta e do samba-canção. Mas não tardei a abandonar esse modo de ver. Hoje, o que me chama atenção na evolução da música popular brasileira é o elevado grau de integração e intercomunicação que se estabeleceu entre os diferentes gêneros. Praticamente todos os grandes compositores, cantores e letristas transitaram de um gênero a outro, sem preconceito nem dificuldade. Basta lembrar que o próprio samba – alegre, iconoclasta e, não raro, portador de certa crítica social – absorveu uma parte significativa daquele "sentimentalismo" e daquela "pieguice" que certa crônica biliosa tentava em vão descartar. A expressão "samba dor de cotovelo" já diz tudo, mas é importante frisar que sempre existiu um "samba ponte", ou seja, um elemento de transição entre o samba jocoso e a canção sentimental. Ausente no precursor "Pelo telefone", de Donga (1916), ou em "Conversa de botequim", de Noel Rosa (1935), certo traço de sentimentalismo é facilmente perceptível em "Agora é cinza", de Alcebíades Barcelos e Armando Marçal (1934), em "Rugas", de Nelson Cavaquinho (1946), em "Chega de saudade", de Tom Jobim e Vinicius de Moraes, e em centenas de outros. Nem precisamos ir tão longe: nos anos 1960, em plena voga da música de protesto, no mesmo festival em que Geraldo Vandré apresentou sua maravilhosa "Disparada", Chico Buarque galgou o estrelato com o LP *A banda* – um jorro de sentimentalidade como havia muito não se via. Vou mais longe: para essa singular integração, contribuiu grandemente a canção sentimental, entendendo-se por tal a extensa linhagem que se esboça nos séculos XVIII e XIX e não para de se renovar até o segundo após-guerra, quando se metamorfoseia no samba-canção e influencia a própria bossa nova. Nessa definição ampla, parece-me fora de dúvida que esse gênero musical atenuou as antigas barreiras de raça e classe e contribuiu poderosamente, com o futebol, para a formação da identidade nacional brasileira. Mais que por eventuais descontinuidades, parece-me, pois, que nossa sensibilidade musical se caracteriza por essa notável confluência ou integração entre os gêneros.

Mas, já que me atrevi a pontificar sobre música, devo agora relatar uma lição da mais transcendental importância que aprendi em 1960, quando cursava o último ano do curso científico: não é impunemente que alguém se mete a empresário aos quinze anos de idade. Nossa turma enfiou na cabeça que a jornada educacional que estávamos prestes a concluir não poderia passar sem um registro adequado. Era mister fazermos algo notável, sem precedentes. Inventamos, então, uma viagem à Argentina. Nenhum de nós jamais pusera os pés fora do Brasil; eis, então, que a ideia adquiria contornos épicos. O único detalhe era o dinheiro. Um sugeriu levar o tradicional "livro de ouro" aos políticos, que se sentiriam honrados em assiná-lo e em troca nos apoiariam com polpudas contribuições. Outro sugeriu uma rifa, um terceiro cogitou montarmos um espetáculo teatral, mas a melhor proposta foi, de longe, a minha. Eu havia recentemente adquirido um *long-play* do paraguaio

Solon Ayala, um violonista clássico de ótima categoria. Eu conhecia muita gente na comunidade violonística de Belo Horizonte e percebera por uma nota na contracapa do disco que ele residia no Rio de Janeiro. Por que não o convidar para um recital? Podíamos pedir emprestado o salão nobre do Instituto de Educação, o que, de fato, fizemos, com imediato sucesso. Cobraríamos ingressos, o comércio, a título de patrocínio, pagaria anúncios no convite, e nós ficaríamos com uma boa diferença. Aplausos gerais, todos de acordo. Fizemos, então, uma vaquinha e lá fui eu cumprir a nobre missão que a classe aquiescera em me confiar. No Rio, alojei-me na lendária Vila Isabel, numa pequena casa onde residia a sogra de minha irmã Violeta.

Não me lembro como encontrei o endereço de Solon Ayala, mas fato é que o encontrei. Ele morava com a família num modesto apartamento térreo no bairro da Glória. Antes mesmo de eu lhe fazer tal solicitação, ele já pegou o instrumento e começou a tocar algumas peças de seu repertório. Em retrospecto, creio ter sido esse o fator que me levou, poucos minutos depois, a passar meu atestado de idiota. Alguns minutos para passá-lo e mais uns poucos segundos para eu decidir que nunca mais me meteria em negócios. Pois vejam vocês: em vez de sondar, "negacear", jogar verde para colher maduro, parti direto para uma proposta financeira. A rapidez com que ele a aceitou rachou-me a cabeça como um raio, forçando-me a aquilatar o tamanho da asneira que acabara de perpetrar. Soma semelhante ele provavelmente precisaria de um ano de trabalho para ganhar.

Rascunhamos o programa, fixamos a data e eu corri para a rodoviária, certo de que iria passar três ou quatro semanas entrando e saindo de lojas comerciais, levando dez "nãos" taxativos para cada relutante "sim". Chegado o grande dia, as coisas até que não saíram tão mal. Enchemos metade do auditório, os principais professores de violão da cidade compareceram e o programa agradou. Naquele tempo, todo violonista era praticamente obrigado a tocar algumas transcrições do piano para o violão, peças românticas já desgastadas, mas Ayala tocou duas de Agustín Barrios (1885-1944), um gênio até então pouco conhecido, e quatro ou cinco peças populares ou folclóricas de grande vivacidade, uma área em que o Paraguai sempre se destacou.

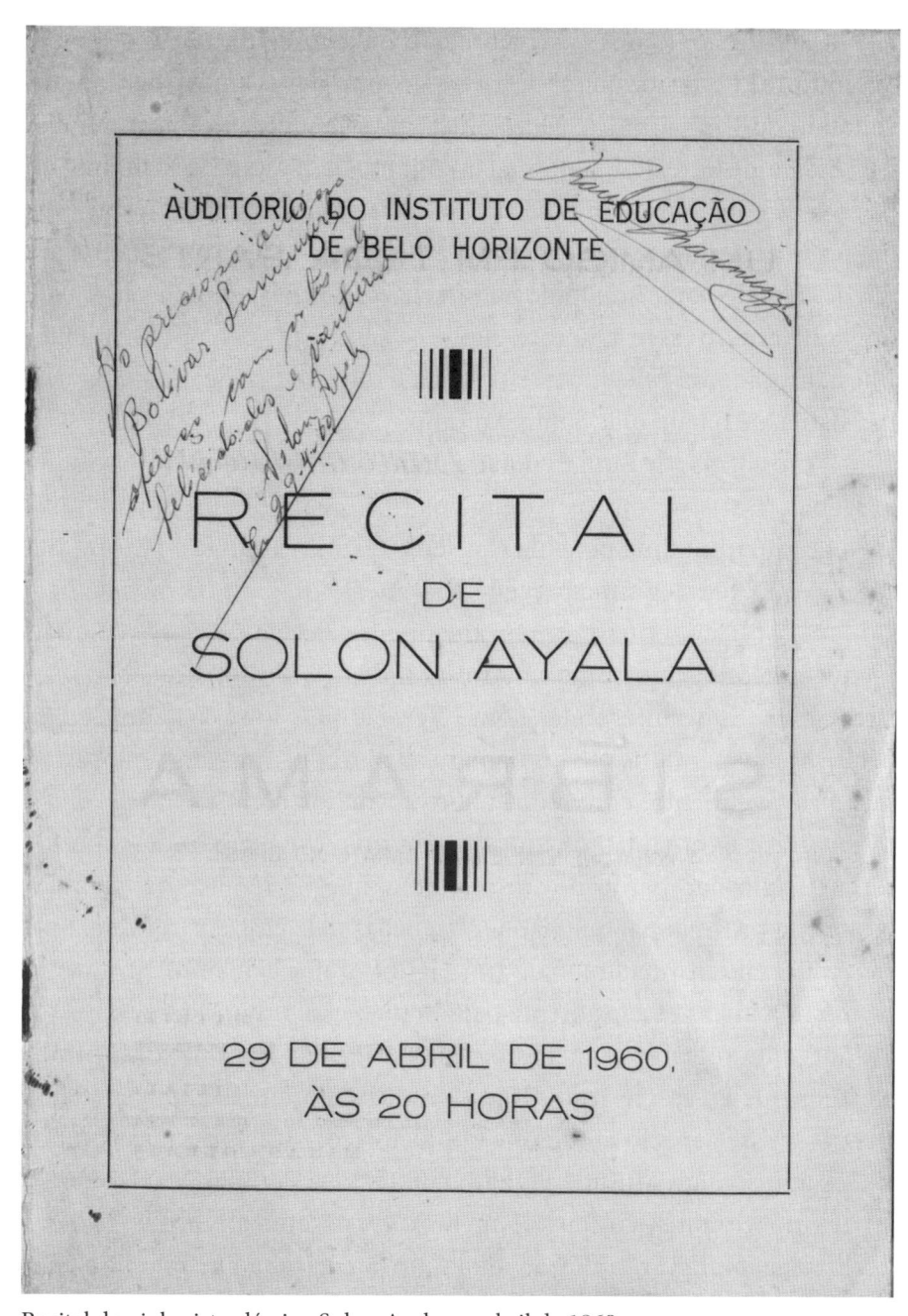

Recital do violonista clássico Solon Ayala em abril de 1960.

Claro, não fomos à Argentina e eu consegui cobrir o déficit, livrando-me do terror que se apossara de mim desde aquele dia em que, voltando do Rio para Belo Horizonte, senti meu coração bater em disparada. Findo o recital, Solon e eu jantamos em algum restaurante ali nas imediações da rua Bahia. Já quase meia-noite, tomamos o café e ele me fez uma pergunta que eu decididamente não estava preparado para ouvir: "E se déssemos um pulo ao meretrício?". Meu rubor, no ambiente um tanto escuro do restaurante, ele com certeza não percebeu. Apontei-lhe a direção, caso ele quisesse ir até lá, e tomei o bonde que subia pela rua Bahia até o bairro de Santo Antônio.

Anos atrás, tive uma vontade danada de fazer um filme sobre o paraguaio Barrios, mas os paraguaios não foram bobos, apressaram-se e produziram uma película excelente, preservando um patrimônio sobre o qual têm legítima precedência. Até 1970, mais ou menos, Barrios era conhecido quase só por aficionados do violão clássico; atualmente é reconhecido como um dos grandes gênios musicais da América Latina. Superintérpretes como Berta Rojas, John Williams e Leo Brouwer afirmam que ele foi não apenas um dos maiores violonistas, mas provavelmente, com Villa-Lobos, o maior compositor de música *específica* para violão de todos os tempos. Uma vez "redescoberto", seu prestígio não parou de crescer; hoje, não há na face da terra um violonista profissional que não inclua peças dele em seus recitais. Barrios foi também precursor de um "latino-americanismo" musical, o primeiro a viajar extensamente pelo hemisfério, tratando de expressar a riqueza da região por meio da enorme variedade de formas, ritmos e estilos que a caracterizam. Não se reduza, porém, a importância de Barrios a esse aspecto autóctone ou folclórico. Muitas de suas composições apresentam altitude e qualidade técnica comparáveis ao que o repertório violonístico tem de melhor. Nesta época em que grandes ficcionistas tentam retratar a vida latino-americana por meio do chamado "realismo fantástico", a vida de Barrios parece superar a ficção: sentindo-se desamparado por Deus, ele teria um dia recebido a deusa padroeira da tribo paraguaia da qual descendia, os Mangoré, que o teria criticado por não representar adequadamente seu povo, e prometia ajudá-lo se ele mudasse de atitude. Desse ponto em diante, Barrios passou a apresentar-se em seus recitais trajado de uma forma insólita, com o dorso à vista e pintado à maneira indígena.[11]

---

11 Sobre o personagem, vale a pena ler *Six Silver Moonbeams* [Seis raios de prata], um belo livro de Richard Stover, citado no apanhado bibliográfico ao final deste volume.

SEGUNDA PARTE

Um politólogo acidental

7. 1961 – INGRESSO NA "ELITE" UNIVERSITÁRIA

No fim do terceiro científico, poucos estávamos com pique para tentar logo o vestibular. Carlos Alberto, um de meus melhores amigos, inclinava-se pela Faculdade de Direito, mas deixou de lado, suponho que para não bater de frente com o exame de latim. Eu, vagamente interessado em Engenharia Civil, sabia que sem um ano de cursinho minha chance era zero. Carlos Alberto e eu tínhamos um amigo comum talentosíssimo, Amaury de Souza, que estudava no Colégio Santo Antônio, um dos melhores da cidade. Ele falava em tentar Arquitetura; sempre me pareceu ter se preparado seriamente, mas no frigir dos ovos ele também resolveu deixar para depois.

Menciono Carlos Alberto e Amaury pela estreita amizade que mantivemos durante um longo tempo e pela importância que iriam assumir em minha vida, muito além dos anos da universidade.

Em 1961, não me lembro se em janeiro ou fevereiro, os dois apareceram em minha casa. Vinham com uma sugestão no mínimo curiosa. Tudo bem – disseram-me –, nas faculdades que havíamos inicialmente cogitado nós não vamos mesmo entrar, mas há uma alternativa muito boa – a Faculdade de Ciências Econômicas, uma área nova, que ia de vento em popa, ganhando bastante prestígio. Além do curso de Ciências Econômicas propriamente dito, ela oferecia cursos em Ciências Contábeis, Administração Pública e Sociologia e Política. O ideal para nós seria o de Ciências Econômicas, mas aí encontraríamos o mesmo intransponível obstáculo: éramos muito ruins em matemática. Nossa alternativa seria, pois, o vestibular para Sociologia e Política, no qual teríamos uma boa chance de aprovação. Os dois acrescentaram que o xis do problema seria ler a *Formação econômica do Brasil,* o celebrado livro de Celso Furtado. Haveria também provas escritas e orais de outras matérias, mas a base de que dispúnhamos devia ser suficiente para a aprovação. Guardo na memória a prova oral de português, na qual tive de me haver com ninguém menos que meu conterrâneo, o poeta Emílio Moura.[12] Decorridos alguns minutos, ele me perguntou como eu, que fizera uma boa prova escrita, parecia incapaz de compreender questões simples de gramática. Respondi que não sabia, claro, e se hoje novamente nos encontrássemos e ele me fizesse a mesma pergunta, creio que seria forçado a dar a mesma resposta. Em qualquer caso, foi assim que, umas três semanas mais tarde, tivemos conhecimento dos resultados e comemoramos: havíamos os três ingressado na Universidade de Minas Gerais (atual UFMG), passando a pertencer à nobre casta dos acadêmicos de nível superior.

Antes de prosseguir, permitam-me falar um pouco sobre dois personagens. Amaury, natural de Uberlândia, morava numa "república" na avenida Getúlio Vargas; Carlos Alberto morava no bairro Funcionários. No segundo ou terceiro científico, quando os três nos tornamos mais amigos, íamos frequentemente tomar cerveja num boteco situado na praça 28 de Setembro, na parte alta da avenida Afonso Pena. O boteco ainda está lá, embelezado por uma pintura em cores bem fortes. Em noites quentes, pegávamos uma mesinha externa e ficávamos jogando conversa fora, ou fazendo apostas mirabolantes no jogo de "porrinha" (ou "palitinho", como se costuma dizer fora de Minas); pelas duas da manhã, alguém já tinha acumulado uma dívida de uns 2 bilhões de cruzeiros, sinal de que estava na hora de dormir. Tranquilo, eu caminhava de lá até Santo Antônio pela avenida Getúlio Vargas, pois naquele tempo a violência que hoje nos amedronta em todas as grandes cidades não existia.

---

12   Em 2002, no centenário de nascimento do poeta dorense Emílio Moura, a UFMG reuniu sua obra num volume intitulado *Itinerário poético*. A "Nota editorial" do volume informa que Emílio, "nascido em Dores do Indaiá, Minas Gerais, em 14 de agosto de 1902, pertenceu à primeira geração modernista de Belo Horizonte, com Carlos Drummond de Andrade, Abgar Renault, Pedro Nava, João Alphonsus, Aníbal Machado e Guilhermino César, entre outros".

Carlos Alberto era o que apropriadamente se poderia descrever como um homem bonito. Alto, cabelos castanhos, olhos esverdeados, não passava despercebido entre as mulheres. Amaury exibia um pendor natural para o desenho (era bom caricaturista), mas os dois tinham em comum um dom que me matava de inveja: cantavam sambas e eram exímios percussionistas na caixa de fósforos. Lembro que ingressamos no curso de Sociologia e Política em 1961. A essa altura, Amaury já se considerava marxista, mas Beto (como se tornou mais conhecido), que não ligava tanto para a vida acadêmica, tornou-se ainda mais radical. No pós-1964, quando Amaury e eu fomos estudar nos Estados Unidos, Beto ingressou numa das organizações clandestinas que optaram pela luta armada contra o regime militar. Não voltei a vê-lo, apenas soube, uns dez anos mais tarde, que fora morto.

Com Amaury, ao contrário, mantive uma amizade de mais de cinquenta anos, começando no curso de Sociologia e Política, em seguida nos Estados Unidos, depois no Instituto Universitário de Pesquisas do Rio de Janeiro (Iuperj) e no Instituto de Estudos Econômicos e Políticos de São Paulo (Idesp), atuando juntos na implantação de ambos, e finalmente como consultores de empresa. Transferi-me para São Paulo em 1970, mas Amaury permaneceu no Rio. Casou-se com Martha Serra, com quem formou um dos casais mais alegres e companheiros que conheci. Venceu-o o câncer, desgraçadamente, em 2012. Amaury de Souza foi um dos mais destacados integrantes do grupo de sociólogos formados pela UFMG na virada dos anos 1950 para os 1960, empenhando-se decisivamente na difusão das metodologias quantitativas de pesquisa entre as novas gerações.

Retornando a 1961, preciso dizer algo sobre *A mágica do dr. Yvon*, título de um ótimo livrinho que Claudio de Moura Castro escreveu sobre a Faculdade de Ciências Econômicas da UFMG – à qual carinhosamente nos referíamos como FACE. Claudio conta como uma escola de comércio medíocre foi transformada em faculdade e como aquela não menos medíocre faculdade veio a ser uma das melhores do país. O personagem-chave foi o Dr. Yvon Leite de Magalhães Pinto. Sua mágica, segundo Claudio, consistiu em conscientemente assentar a faculdade sobre três pilares: professores em tempo integral, uma ótima biblioteca e um concurso de bolsas para estudo em tempo integral. Contrariando a norma de compadrio que naquela época contaminava quase todas as atividades no Brasil, o concurso, aberto a todos os estudantes do primeiro ano, era realizado ao fim do primeiro semestre e conduzido com extrema seriedade. Os aprovados – cerca de 10% dos primeiranistas dos quatro departamentos (Economia, Sociologia e Política, Ciências Contábeis e Administração Pública) – passavam a receber uma modesta remuneração e dispunham de salas de estudo, uma para cada dois ou três, equipadas com máquinas de escrever e material básico de escritório, com a condição de manterem estrita assiduidade e, mais adiante, atenderem os novos entrantes em atividades de tipo tutorial.

Só aceitei concorrer em virtude da pressão de amigos que fizera durante o primeiro semestre. Temia dar um vexame acachapante. Para convencer-me, eles argumentaram que o fator decisivo seriam as notas obtidas na disciplina Sociologia Geral, ministrada pelo professor Lincoln Prates, o terror dos primeiranistas.[13] De fato, minhas notas naquela disciplina estavam entre as melhores, mas a pauta do concurso era ampla, abrangendo idiomas estrangeiros, matemática e exame psicotécnico. Entrei e fui um dos oito aprovados, passando a integrar a "elite" formada por Amaury de Souza, Magda Prates, Maria do Carmo Brito, Maria Sílvia Ribeiro de Oliveira, Mauricio Cadaval, Paulo Roberto Furtado de Castro e Vilmar Evangelista Faria. Também por meio do sistema de bolsas, o curso de Economia produziu profissionais de grande renome nacional, como Alkimar Moura, Edmar Bacha, Flávio Versiani, Paulo Roberto Haddad e o já mencionado Claudio de Moura Castro, para citar apenas esses.

Claudio captou com precisão os três elementos fundamentais que permitiram à FACE se desenvolver num período bastante curto. Mas

---

13 Ele só indicava textos em francês. Nós que nos virássemos. Lembro-me de um artigo de Gilles-Gaston Granger que começava assim: "O magno problema das ciências humanas é como passar do apodítico das estruturas ao problemático dos eventos".

algumas observações adicionais parecem-me cabíveis no que diz respeito especificamente à área de Sociologia e Política. O currículo tinha lá suas improvisações, mas era, sem dúvida, moderno para os padrões da época.[14] O primeiro ano concentrava-se nas indagações fundamentais da teoria sociológica: o que é a sociedade? O que nos permite dizer que determinado fenômeno ou processo é social (ou socialmente estruturado) e outro não? O que é política? O segundo, intitulado "sociologia estrutural e dinâmica", trazia a discussão para o campo histórico, ou seja, para a mudança social e política, tanto no âmbito de países específicos como por meio de comparações internacionais. No terceiro e no quarto ano, focalizávamos as "sociologias especiais", concentrando-nos no tema das ideologias, nos fenômenos burocráticos e administrativos, em "problemas sociais" (que mais tarde passariam a ser designados como "marginalidade", "violência urbana", "programas assistenciais" etc.). Em retrospecto, eu apontaria três deficiências importantes no programa de ensino. Primeiro, na área de História. Embora Francisco Iglesias e Roberto Mattos – professores de História do Brasil e História Econômica, respectivamente – fossem magníficos do ponto de vista didático – ambos excelentes expositores, altamente apreciados pelos alunos –, pecavam por uma postura acrítica em relação aos autores e temas que abordavam. Apoiando-se em clássicos brasileiros dos anos 1930 e 1940, Iglesias tratava os textos de um Oliveira Viana, por exemplo, como historiografia séria, não explicitando suas premissas ideológicas, o que hoje seria inconcebível. Da mesma forma, ao tratar da história econômica do século XX, Roberto Mattos discorria sobre a industrialização da União Soviética, por exemplo, de uma forma não muito distinta do discurso dos Partidos Comunistas (PCs) – o épico da transformação da Rússia feudal numa grande potência moderna –, sem referência alguma aos métodos, à estrutura política e ao custo humano de tal experimento. Em tal abordagem, a história aparecia como algo desencarnado, abstraído

---

14 O jornalzinho do Diretório Acadêmico, chamado *FACE*, refletia o bom nível do corpo discente da faculdade. Os textos, como não podiam deixar de ser, eram, em sua maioria, polêmicos e conjunturais, mas justiça lhes seja feita: raramente agrediam a última flor do Lácio.

do sistema político sobre o qual se assentava. Escusado dizer que os regimes paradigmáticos do século XX – democracia liberal, comunismo, nazifascismo, peronismo etc. – eram mencionados por alto e não analisados em profundidade. Essa permanece como uma deficiência flagrante do ensino universitário brasileiro, e sua gravidade pode ser aquilatada à luz da enorme revolução que se deu nos estudos históricos no último meio século. Três títulos tomados quase a esmo parecem-me exemplificar o que acabo de afirmar: *SPQR* – o monumental estudo de Mary Beard sobre o Império Romano; *Cidadãos*, de Simon Schama, uma obra-prima sobre a Revolução Francesa, e *A ditadura alemã*, de Karl Dietrich Bracher, que fulminou certos clichês que por muito tempo impediram uma compreensão adequada da ascensão do nazismo na Alemanha.

Segundo, o estudo das "sociologias especiais" poderia ter sido mais ambicioso. A parte referente às ideologias concentrava-se excessivamente no que à época se denominava "sociologia do conhecimento", baseando-se na leitura (é verdade que rigorosa) do livro *Ideologia e utopia*, de Karl Mannheim, obra de 1929, e numa parte de *Social Theory and Social Structure*, de Robert King Merton, salvo engano o primeiro livro americano adotado em nosso curso. O estudo da burocracia e da administração não ia muito além dos capítulos mais conhecidos de Max Weber, em *Economia e sociedade*, e de um apanhado superficial da história da administração pública brasileira. Com os dados oficiais que começavam a ser coletados sistematicamente, penso que o programa poderia ter se aprofundado nas questões da educação, saúde, saneamento, criminalidade e afins.

A terceira deficiência que me vem à mente, mais grave, era a ausência de pesquisa empírica e, como complemento indispensável, a de cursos voltados para a análise de dados quantitativos. Essa falha, felizmente, não tardou a ser resolvida. A partir de 1963, a Faculdade Latino-Americana de Ciências Sociais (Flacso), sediada no Chile e mantida pelas Nações Unidas, começou a selecionar alguns dos melhores alunos em fase de conclusão de curso. Entre os selecionados, logo na primeira promoção estavam

Antônio Octávio Cintra, Fábio Wanderley Reis e Simon Schwartzman, líderes incontestes daquela geração, que lá tiveram oportunidade de estudar com mestres da estatura de Johan Galtung e Peter Heintz. Desse intercâmbio resultou uma transformação incisiva em nosso programa de Sociologia e Política, com um acentuado declínio da precedente orientação francesa e uma correlativa ascensão da norte-americana, cujos fundamentos científicos eram, sem dúvida, mais sólidos. Essa reorientação, como veremos adiante, tornou possível a implantação a curto prazo de um departamento de ciência política de alta qualidade.

Voltando ao currículo da graduação, é essencial observar que os três níveis "horizontais" a que me referi eram cortados no sentido vertical por um forte fator ideológico e religioso. Cumpre frisar que estou evocando os tempos da Guerra Fria, época de confronto entre comunismo e capitalismo não só no plano internacional, mas também nos meios culturais de cada país. Havia, de um lado, a direita: os assumidamente capitalistas e militantemente anticomunistas. Do outro, os comunistas de carteirinha, marxistas ligados de modo direto ou indireto ao Partido Comunista Brasileiro (PCB), por sua vez subordinado ao PC da União Soviética. Entre esses dois polos, católicos em busca de um meio-termo, querendo distanciar-se do velho catolicismo reacionário brasileiro, mas sem chegar ao marxismo. Esse grupo vivia – podemos dizer sem temor a erro – uma dolorosa crise existencial.[15] Precisava estudar o marxismo, mas fazia-o por meio de uma versão abrandada, a do teólogo francês Jean-Yves Calvez, e, no Brasil, da orientação de alguns padres de grande prestígio intelectual, como Henrique de Lima Vaz. Dessa forma, ocupando uma faixa, digamos, de centro-esquerda, por meio da Ação Popular (AP), o catolicismo ganhou muita força no movimento estudantil e começava a obter influência na política institucional quando sobreveio o golpe de 1964. Foi em função deste que a católica AP "marxizou-se" de vez e aderiu à luta armada.

---

15   Tal crise não se manifestava apenas no plano das ideias filosóficas e políticas; estendia-se à esfera da sexualidade, e do comportamento, de maneira geral. Nesse último aspecto, os comunistas e a direita se entendiam bem e não perdiam uma oportunidade de fazer troça com os católicos.

É difícil dizer se a FACE deveria ter mantido uma interação mais intensa com as principais instituições do Rio de Janeiro e de São Paulo – o Instituto Superior de Estudos Brasileiros (Iseb) e o Departamento de Ciências Sociais da Universidade de São Paulo (USP), respectivamente. Tínhamos mais proximidade com o Iseb. Líamos sobretudo Alberto Guerreiro Ramos, Hélio Jaguaribe e Álvaro Pinto, esse último tendo vindo certa vez a Belo Horizonte para ministrar-nos um curso de duas semanas sobre a história da filosofia. De São Paulo, até onde me recordo, a principal visita foi a de Juarez Rubens Brandão Lopes, que abordou a obra de Max Weber e seus próprios estudos sobre relações sociais na indústria, inspirado num trabalho de Reinhard Bendix.

Os dados coligidos por Claudio de Moura Castro mostram sem margem para dúvidas que o desempenho da FACE, em geral, e o dos bolsistas, em particular, foram algo sem paralelo na experiência universitária brasileira. Quase todos se destacaram tanto no próprio ensino como na vida pública, em empresas privadas e estatais e, não menos importante, como alunos de mestrado e doutorado no exterior, tornando-se líderes na "aclimatação" ao Brasil de programas de pós-graduação, a maior alavanca da modernização universitária no período pós-1964. Penso que esse resultado positivo deveu-se a um fator adicional aos três que Claudio incluiu na "mágica do dr. Yvon". Trata-se de um paradoxo: o que alimentou nossa experiência acadêmica e a tornou sobremodo instigante foi o "anarquismo" em que vivíamos. O ambiente da FACE não tinha linhas marcantes de autoridade e menos ainda de desigualdade social. Nossas discussões, não raro ásperas, não se submetiam a nenhuma hegemonia ideológica, nem existia, pensando em termos mais gerais, uma figura individual capaz de impor um padrão ou uma orientação intelectual estrita. Ou seja, não éramos um Iseb nem nunca tivemos um Florestan Fernandes. Tínhamos mais proximidade com o Iseb, mas nunca nos deixamos permear tão intensamente pela postura ideológica que lá prevalecia, o nacional-desenvolvimentismo, e nem seria isso concebível, sendo o Iseb uma organização de pequeno porte e nós uma faculdade integrada ao sistema da UFMG, com um corpo discente numeroso e diversificado. Júlio Barbosa, o diretor do Departamento de Sociologia e Política, simpatizava com o Iseb, mas não a ponto de se deixar levar pelo nacionalismo exacerbado que lá prevalecia. Intelectualmente arguto, não se apresentava como um sacerdote, mas sim como um coordenador, sempre amistoso e aberto ao diálogo.

Um catalisador fundamental das mudanças que começariam a acontecer logo após o retorno dos colegas que estudaram no Chile foi a atuação da Fundação Ford, por meio de seu representante no Rio de Janeiro, o dr. Peter Bell. Terei mais a dizer sobre ele nos capítulos seguintes, mas faço aqui o registro de que ele, ao chegar ao Brasil, logo percebeu a qualidade do programa de bolsas da FACE. Partindo dessa constatação, Peter orientou a fundação a financiar, de forma organizada, um programa para estudos de pós-graduação nas melhores universidades dos Estados Unidos.

Em janeiro de 1963, Amaury e eu fomos convidados a participar de um programa organizado pela Universidade da Califórnia em Los Angeles (UCLA) – com apoio do Departamento de Estado norte-americano –, o Brazil Student Leader Seminar, destinado a estudantes de terceiro ano de diversas áreas e estados. De Minas, éramos só nós dois.[16] No meu caso, pesou a meu favor uma recomendação enviada ao consulado por um grande amigo, Flávio Versiani, futuro economista e professor da Universidade de Brasília (UnB). O tema proposto era "Estudos norte-americanos", focalizando a política externa, a cultura e a civilização dos Estados Unidos. Tivemos um mês de seminários na UCLA e quinze dias visitando outras universidades e instituições em San Francisco, Stanford, Nova York, Washington e Miami.

---

16 Integravam o grupo Paulo Antonio Marques Munhoz e Ivo Hering, da Universidade do Paraná; Úlrico Sanger, da Universidade do Rio Grande do Sul; Ricardo Lange e Ricardo Claro, da Universidade de São Paulo; Mário Machado, da Pontifícia Universidade Católica do Rio de Janeiro; Eduardo Moura da Silva Rosa, da Universidade do Brasil (atual Federal do Rio de Janeiro); Antonio Carlos Cagliano, da Universidade da Bahia; Paulo Cardoso Silva e Mucio Gomes Conselho, da Universidade do Recife; Agamenon Tavares de Almeida e Raimundo Nogueira Diógenes Filho, da Universidade do Ceará; Rinaldo Carlos Carneiro, da Universidade do Pará; Amaury de Souza e eu, da Universidade de Minas Gerais. O professor Nelson de Souza Sampaio, diretor da Faculdade de Direito da Bahia, também acompanhou o grupo.

Em 1963, na ponte Golden Gate, San Francisco.

Ideologicamente, o grupo pendia para a direita, mas nós, Amaury e eu, nos situávamos mais à esquerda. Amaury integrava a Política Operária (Polop), uma organização de tendência trotskista. Eu tinha certa afinidade com o grupo da AP (esquerda católica), mas muito mais por amizade com alguns colegas que por convicção. Além da Polop e da AP, havia o PCB, de orientação soviética, no qual eu tinha vários amigos e viria a ter uma noiva (falo disso adiante), mas o pensamento marxista nunca me atraiu. Não senti sequer o impacto emocional que muitos autores afirmam ter sentido no primeiro contato com o *Manifesto comunista*. Na AP, a religiosidade do grupo me aborrecia bastante, uma vez que meu catolicismo, como antes assinalei, não ia além do cumprimento das obrigações básicas, sobretudo a de ir à missa aos domingos, como era típico das camadas médias interioranas. Havia no grupo um componente emocional, um desejo de se livrar do catolicismo tradicional, conservador, sem admitir as premissas materialistas do marxismo.

Além de Jean-Yves Calvez, principal intérprete católico do pensamento de Marx, e do padre Henrique Vaz, que orientava a tentativa autóctone de elaborar uma visão filosófica católica de esquerda, o grupo da AP era ávido consumidor de certas correntes católicas francesas influenciadas pelo existencialismo e pelo personalismo, entre as quais me parece válido situar a revista *Esprit* e, especificamente, os escritos de Emmanuel Mounier e Jean Lacroix. Claro, as angústias inerentes a essa busca de um catolicismo de esquerda eram agudizadas pelas circunstâncias da época. A questão agrária, por exemplo, dividia cada vez mais o país, e a hierarquia da Igreja posicionava-se claramente contra a reforma agrária; note-se que aqui estou me referindo a um debate, a um conflito embrionário, pois não havia um projeto sério sobre o assunto. Foi só a partir de 1963 que o governo João Goulart a incluiu, em termos extremamente vagos, entre suas propaladas "reformas de base".

Em 1967, com meu querido amigo Amaury em Riverside, Califórnia.

O impacto da Guerra Fria no plano doméstico brasileiro ganhou uma dimensão enorme com a guinada de Cuba para o lado soviético, declarando-se comunista em 1961. No Brasil, em cada estado, o Departamento de Ordem Política e Social (Dops) acompanhava de perto o que se passava nas universidades e mantinha fichas de todos os estudantes que, por alguma razão, pudessem ser classificados como "comunistas". Daí, como se verá, a importância do pequeno fato que narro a seguir, que noutro contexto não mereceria registro. Na antevéspera da viagem, entrevistados pelo jornal *Correio de Minas*, de Belo Horizonte, Amaury e eu dissemos, como é óbvio, que esperávamos um debate franco e que não hesitaríamos em expor nossos pontos de vista sobre nenhum tema, por espinhoso que fosse. O jornal distorceu completamente nossas declarações, dizendo que esperávamos uma tentativa de "lavagem cerebral", mas que não deixaríamos passar em branco nenhuma crítica ao regime de Fidel Castro. A ironia de tudo isso é que, realmente, as seis semanas que passamos nos Estados Unidos foram um choque de realidade para Amaury e para mim. Mais até para ele que para mim, por eu ser politicamente mais moderado; àquela altura, janeiro de 1963, eu já me sentia entediado com o programa da faculdade, via a radicalização que lavrava no Brasil como uma grande estupidez e começava a sonhar com uma pós-graduação no exterior. Amaury voltou encantado com os Estados Unidos, com suas universidades, com a diversidade e pujança de sua cultura. Sua ligação posterior com os Estados Unidos foi muito mais densa que a minha; sua primeira mulher, Laura, era americana, e ele lá permaneceu por muitos anos. Fez o doutorado no Massachusetts Institute of Technology (MIT), situado em Cambridge, de onde se transferiu para o Institute of Social Research da Universidade de Michigan.

Do ponto de vista amoroso, meus primeiros anos de faculdade foram um desastre. Não sei se alguma colega me achava atraente, mas eu tinha plena consciência de minha incomensurável insegurança. No meio do terceiro ano comecei a namorar Aspásia Alcântara, uma das principais inteligências da sociologia do Rio, que viera a Belo Horizonte participar de um seminário. A relação durou cerca de três anos e por pouco não nos casamos. Ideologicamente, a posição dela era muito mais esquerdista que a minha. Ela não aturava o "direitismo" da União Soviética; eu era um centro-esquerdista, ou social-democrata, algo assim. Na linguagem de hoje, eu me veria como um centro-liberal; esse seria o rótulo mais apropriado, mas eu não tinha consciência disso. Fazia prosa sem o saber, como *monsieur* Jourdain. Fácil, pois, imaginar que Aspásia e eu tínhamos discussões intermináveis, por exemplo a respeito de Roberto Campos, que eu lia regularmente. Se bem me lembro, tais discussões tornavam-se mais fortes quando conversávamos sobre cinema. Sempre que ia ao Rio, calhava de o Cine Paissandu (em Botafogo) estar exibindo algum filme da *nouvelle vague,* ou um daqueles dirigidos por Antonioni, nos quais a personagem vivida por Monica Vitti desfilava seu infindável tédio durante alguma festa "burguesa". Tédio que logo inundava minha alma, agravado pelo desconforto dos assentos de madeira do Paissandu, à época a espelunca mais culta do Rio de Janeiro.

Falar sobre essa época no Rio trouxe-me outro fato à memória. A intensidade da Guerra Fria e a ascensão dos militares ao poder motivaram numerosos doutorandos e professores americanos a se tornarem brasilianistas, ou seja, a virem estudar o Brasil e a nova situação política. Um dos primeiros e mais importantes foi Alfred Stepan. Por razões fortuitas, devo ter sido o primeiro acadêmico brasileiro com quem ele manteve contato. O fato ocorreu, se bem me lembro, no segundo semestre de 1964. Tendo acabado de chegar para fazer as pesquisas sobre militares que iria utilizar em sua tese de doutoramento, estava com a mulher, Nancy, e o filho, Adam, então um bebê de colo, tentando conseguir uma mesa num restaurante de estilo alpino que à época funcionava no Posto 6 de Copacabana. O restaurante estava cheio e barulhento, e Stepan ainda não manejava direito o português. Dei-lhe uma mão, trocamos endereços e nos tornamos amigos pelo restante da vida. Voltei a encontrá-lo anos mais tarde, em Los Angeles, eu como estudante de pós-graduação, ele com um *status* especial, redigindo sua tese. Acompanhei sua meteórica carreira, que incluiu docência em várias das melhores universidades do mundo e uma dezena de livros publicados, inclusive alguns volumes coletivos, dos quais participei.[17]

Na manhã de 31 de março de 1964, fiz meu trajeto habitual para a faculdade. Tomei o ônibus Getúlio Vargas perto de minha casa, na esquina da avenida do Contorno com a rua Espírito Santo, e desci no ponto da rua Tamoios, perto de onde então se situava a Assembleia Legislativa. Dali caminharia pela Tamoios até a esquina com a rua Curitiba, endereço da faculdade. Mas logo notei que as sacadas dos prédios da Tamoios estavam guardadas por soldados com o uniforme do Exército. Caminhei mais um pouco, até a frente do cinema Tamoio, de onde pude ver que um grupo de soldados bloqueava a entrada da faculdade. Fiz então o caminho de volta, tomei o ônibus Getúlio Vargas e me deixei ficar em casa, lendo, ouvindo música e me preparando para o pior. De tempos em tempos, era possível ouvir, pelo rádio, quase inaudível, a voz de Leonel Brizola, dizendo-se pronto a resistir e conclamando seus "grupos de onze" à luta. Mas a confusão inicial não tardou a se dissipar, com as Forças Armadas consolidando seu controle sobre todo o país e declarando tratar-se de uma "revolução" para livrar o país do comunismo e da corrupção.

Praticamente não saí de casa nas três primeiras semanas do "pós-revolução". Fiquei em casa, lendo muito e ouvindo música. Impossível esquecer um "cebolão" com que o Herbert de Souza (Betinho) me presenteara no ano anterior; era uma deslumbrante gravação da *Nona sinfonia* e da *Fantasia coral* de Beethoven. Não éramos propriamente amigos, mas, numa viagem à União Soviética, ele teve a ideia de me fazer aquela gentileza.

A 25 de abril, dia do meu aniversário, alguns colegas me convidaram para uma pequena reunião a partir das oito horas da noite no apartamento de um deles. Ia ser bom reencontrá-los. Só que, por volta de cinco e meia, quatro ou cinco policiais à paisana, bem armados, che-

---

17   Alfred manteve também uma estreita parceria e uma relação de profunda amizade com Juan Linz, a meu ver o cientista político mais importante da segunda metade do século passado, que também ficou meu amigo e veio várias vezes ao Brasil a meu convite.

garam à minha casa, com o objetivo de revistá-la e de me levar preso ao centro de investigações do 11º Regimento de Infantaria. Na revista, não faltaram apreensões hilárias como outras que se tornariam célebres – por exemplo, um livro de Roberto Campos, recolhido porque continha a palavra "planejamento" no título. Mas o fato é que eu, além de amedrontado, me preocupava com minha mãe, que, no entanto, se manteve calma e ofereceu café aos "visitantes". Fiquei detido a noite inteira, sem passar por nenhuma inquirição. O único fato a notar ocorreu quando de minha chegada ao centro. Um indivíduo (também à paisana) colocou um fuzil no meu colo e berrou: "Não queria nos matar? Pois nos mate agora! Vamos lá, nos mate agora!".

Nos seminários do Brazil Student Leader Seminar, no ano anterior, meus contatos mais estreitos haviam sido com William Gerberding, professor de Relações Internacionais, que avaliou minha participação de uma forma muito positiva. Certo dia, na hora do intervalo, ele me sugeriu deixar de lado "esse negócio de carreira acadêmica" e me dedicar seriamente à política. Ponderei-lhe que a situação brasileira era péssima e tendia a piorar, e foi isso, de fato, o que constatei ao retornar. Ali por volta de maio, decidi escrever-lhe, lembrando que concluiria o curso em dezembro e indagando quais seriam de fato minhas chances de admissão e bolsa na UCLA. Em julho, recebi em casa um bilhete do professor Johannes Wilbert, diretor do Latin American Studies Center da UCLA, informando que se encontrava em Belo Horizonte tratando de assuntos de interesse daquela universidade e solicitando-me ir ao encontro dele no Hotel Normandy. A mensagem que me trazia era concisa: se eu chegasse a Los Angeles com um passaporte válido, a universidade imediatamente me matricularia e me pagaria a primeira mensalidade de uma bolsa de estudos.

8. UM SUÉTER VERMELHO E CINQUENTA DÓLARES NO BOLSO

Trajava um suéter vermelho e trazia no bolso uma nota de cinquenta dólares quando desembarquei em Los Angeles, logo nos primeiros dias de 1965. Não há como não admirar as universidades americanas. Suas qualidades manifestam-se por vezes em pequenos detalhes, como esse que passo a relatar. Na UCLA, era praxe pedir a colaboração de famílias para recepcionar os estudantes recém-chegados e ajudá-los nos detalhes da vida prática. E, realmente, eu me sentia inseguro, não só pela escassez de dinheiro, mas porque nada sabia dos trâmites burocráticos da universidade e menos ainda sobre onde iria morar. Os responsáveis por esse serviço não poderiam ter sido mais felizes quanto à família que escolheram para me receber, o casal George e Mira Brown. George era professor de matemática na UCLA; Mira, artista plástica. Os Brown moravam relativamente perto do *campus*, numa casa típica de classe média alta, com um belo jardim e sem cercas ou muro de proteção. Não pouparam esforços para facilitar minha adaptação. Levaram-me à universidade para eu fazer minha matrícula e receber o primeiro cheque, e depois, a parte mais difícil: arranjar uma moradia que coubesse em minha bolsa. Com os 180 dólares mensais que iria receber de uma entidade local, a Fundação Parvin, não havia hipótese de ocupar sozinho um apartamento. E não seria viável morar longe, tinha de ser um imóvel a quinze ou vinte minutos de caminhada até o *campus*. Percorremos vários conjuntos e, finalmente, encontramos um apartamento já alugado por dois estudantes – que eu ainda não conhecia, claro; seriam William, um americano estudante de geografia, e um etíope, que lecionava o idioma amárico na universidade; eu seria o terceiro.

A casa dos Brown tinha um pavimento inferior, onde no final da tarde nos distraíamos jogando sinuca. Mas o melhor era o que George servia antes do jantar. Violinista de mão cheia, em duas ocasiões ele convidou amigos para tocar quartetos de Mozart e outros autores. Tomar um uísque enquanto os ouvia a dois metros de distância foi algo que nenhum cartão poderia pagar. Naquele tempo, a cultura brasileira estava em alta nos Estados Unidos. O filme *Orfeu negro*, produção franco-brasileira, passou meses em cartaz num dos cinemas de Westwood Village, o bairro onde a UCLA se localiza. Na música, mesmo com o sucesso avassalador dos Beatles, a bossa nova conseguia se impor; seu suave romantismo e os ritmos inovadores eram muito apreciados. Como também o eram as Bachianas de Villa-Lobos. Foi graças ao George que vim a conhecer a gravação original da Bachiana nº 5, na formação para oito violoncelos.

Sair daquela redoma e me adaptar ao dia a dia foi mais difícil do que eu esperava. Com os 120 dólares que me sobravam após o pagamento de minha parte do aluguel, e tendo eu um forte desejo de comprar livros alheios ao currículo, que eu conhecia de nome desde havia muito, o aperto era considerável. William, um rapaz educadíssimo e prestativo, conseguia a proeza de ser mais "duro" que eu. Por ser o único dos três com alguma aptidão culinária, o planejamento e a preparação do jantar ficavam a cargo dele, daí resultando que nossa cota de hambúrguer com ervilhas era, posso afirmá-lo sem temor a erro, bastante superior à média do meio estudantil. Com o colega etíope, o que complicava era o espaçamento excessivo que ele mantinha entre um banho e outro, fato agravado por ser ele capaz de usar por dias a fio uma mesma camisa de poliéster. No fim da tarde, ao regressar da universidade, sem mudar de roupa e até sem tirar o paletó, ele se espichava num sofá e lá permanecia até William declarar que as ervilhas e os hambúrgueres estavam prontos.

Na parte acadêmica, um problema típico entre estudantes estrangeiros era não perceber de imediato a intensidade do programa. Começavam relaxados, como se o tempo transcorresse com a lentidão a que se haviam acostumado nos países de origem. Os americanos, uma vez terminada a aula, mastigavam às pressas um sanduíche e corriam para a biblioteca, cada um levando numa caneca de plástico aquele café medonho. Eu, acreditando piamente na infinitude do tempo, até me permitia dar um pulo em casa para checar o correio. Claro, mais para o meio do semestre, com a aproximação das datas dos exames intermediários (*midterm exams*), a ficha caiu. Era fácil perceber que o nível de tensão da classe aumentara de forma considerável. O sistema universitário americano é brutalmente punitivo: o custo do mau desempenho é muito alto. Mas até aí eu não acreditava que o bicho pudesse ser assim tão feio. Com meu repertório de ideias genéricas, eu devia ser capaz de dar um jeito. Só vim a perceber que o bicho era de fato horrendo quando veio a prova de Relações Internacionais, com perguntas extremamente específicas sobre a Guerra da Coreia. A nota baixa que tirei foi um alerta, pois com os bolsistas, em particular, os professores eram rigorosíssimos.

Como bolsista e na penúria financeira em que vivia, tirar férias ou mesmo fazer uma curta viagem eram sonhos inatingíveis. Concluído o primeiro semestre, meu orientador mandou-me preencher o verão com um curso de opinião pública a ser dado por Dwaine Marvick, um dos grandes nomes da área. E de fato, o curso, eminentemente prático, foi muito bem concebido. Seria um projeto real, uma pesquisa com os moradores do Condado de Los Angeles. Todos os alunos participariam da elaboração e da aplicação do questionário e da análise dos dados. O questionário teria perguntas sobre política nacional, avaliações acerca do desempenho dos representantes no Congresso, percepções de posicionamentos ideológicos e da luta política local, além, é claro, do perfil socioeconômico dos entrevistados. Cada aluno ficaria incumbido de fazer as entrevistas numa área da cidade; no fim, receberia um conjunto de tabelas (o computador pessoal ainda não existia), cuja interpretação seria a base principal para a nota no curso.

Naquela época, era voz corrente que o racismo não era tão evidente em Los Angeles como em Chicago ou Detroit, sendo, portanto, improvável a ocorrência de pancadarias homéricas como as que eram comuns naquelas duas cidades. *A priori*, eu não dispunha de elementos para discutir se essa visão tinha ou não fundamento. Fato é que fui parar num bairro meio "da pesada". Não se requeria esforço algum para perceber a animosidade racial – brancos, pretos, latinos e orientais, todos contra todos – que lá prevalecia. Perdi a conta de quantas vezes os meus potenciais entrevistados bateram-me a porta na cara, e por sorte meu inglês era insuficiente para compreender todos os impropérios. Nenhum outro aspecto da experiência me impressionou tanto como esse. Na hora de interpretar os dados, não pestanejei: escrevi que uma pancadaria feia estava para acontecer a qualquer momento.

O professor deu-me um puxão de orelhas ainda pior que o do professor de Relações Internacionais no período anterior. Disse-me que minha análise estatística era *lousy* (desleixada, malfeita) – um arrazoado subjetivo motivado pelo temor que sentira no bairro que me coube no sorteio. Deu-me uma nota baixa, fazendo-me outra vez tremer nas bases, dado o fato de eu ser bolsista. Mais três semanas e um *riot* colossal estourou justo no bairro onde eu havia estado: uma manifestação violenta, com vitrines quebradas, invasão de casas comerciais, depredação, começos de incêndios e até alguns indivíduos dando tiros no meio da rua. Mas o padrão acadêmico não se rendeu à realidade. O professor não se dispôs a rever minha nota. Preferiu ficar de bem com a estatística, deixando-me como consolo o acerto da previsão política.[18]

---

18 No verão de 1967, em Detroit, presenciei de perto uma situação semelhante: um *riot* violentíssimo, durante o qual vários prédios foram incendiados e postos abaixo. Uma curiosidade: num de meus primeiros trabalhos publicados, abordei a questão da participação política dos negros. Intitulado "Raça e classe na política brasileira", ele apareceu na revista *Cadernos Brasileiros*, número 47, de 1968. Embora não dispusesse de dados sólidos de pesquisa, questionei a tese de Florestan Fernandes, Costa Pinto e outros de que um problema propriamente racial não existia no Brasil. Argumentei que existia, sim, e que estranho era o baixo nível de consciência e de envolvimento dos negros em atividades baseadas nas diferenças de oportunidades de emprego, remuneração, escolarização etc.

TERCEIRA PARTE

Resvalando nas asperezas do mundo

9. 1966 – O "INTERNATO" DA AVENIDA AFONSO PENA

Em maio de 1966, os responsáveis por minha bolsa e o meu orientador, Harry Scoble, dispensaram-me dos cursos de verão para eu vir a Minas Gerais coletar resultados eleitorais dos municípios do estado para minha futura tese. O motivo que apresentei não era falso, mas razões sentimentais também pesaram bastante. Nas condições da época, a distância em relação à família e aos amigos acentuava muito a solidão e a saudade. Meu noivado com Aspásia Alcântara, contraído durante o quarto ano da faculdade, desfizera-se no transcurso de 1965.

Meu plano era permanecer cerca de dois meses no vaivém entre Minas e Rio. Em Belo Horizonte, logo ao chegar, soube da morte de um dos meus melhores amigos, Joaquim Eugênio Parizzi, dono de uma das vozes mais bonitas que ouvi em minha vida. Sempre foi meio briguento, mas, pelo que consegui saber, nos últimos tempos ele passara a andar armado. Portava um revólver nas costas, num coldre atado por correias. Num domingo, retornando de um daqueles clubes da serra, onde fora almoçar, caiu com seu fusca numa vala. O revólver disparou, atingindo-lhe a medula.

No Rio, meu contato mais importante era com o Iuperj, entidade ligada ao conjunto universitário Cândido Mendes, que recém se incorporara ao programa de ciência política patrocinado pela Fundação Ford. Em Minas, o mestrado em Ciência Política entrara em funcionamento no ano anterior, sob o guarda-chuva da Universidade de Minas Gerais, e era evidente que logo alçaria voo. Um bom indicador de sua importância era um seminário internacional que lá se iria realizar no mês de agosto, com a participação de alguns dos grandes nomes da disciplina: Karl Deutsch, David Apter, Seymour Martin Lipset e Samuel Huntington, entre outros. Peter Bell, o representante da Ford no Rio de Janeiro, também estaria presente.

Eu não teria condições de participar, pois deveria retornar a Los Angeles para o semestre de outono praticamente na mesma data. Preparei-me, pois, para a viagem de volta em agosto, mas não pude iniciá-la em razão de um fato imprevisto. No aeroporto do Galeão, no Rio, ao me apresentar no balcão da companhia aérea, fui informado de que meu visto de entrada nos Estados Unidos havia sido cancelado. No dia seguinte, fui bem cedo à embaixada americana, que me instruiu a voltar a Belo Horizonte, uma vez que a ordem de cancelamento partira de lá; era, pois, ao cônsul local que deveria me reportar. Tratei de estabelecer contato com Peter Bell antes mesmo de embarcar para a capital mineira, o que, segundo me pareceu, a própria embaixada já havia feito.

Lembro-me de que retornei a Belo Horizonte sentado na última fileira do avião, tendo a meu lado Samuel Huntington, cuja simpatia ficava um tanto aquém de sua imensa fama como cientista político. Naquela noite fui visitar Vera em sua casa no bairro São Pedro; mais maduros, nos sentíamos no limiar de uma relação amorosa e combinamos de nos vermos novamente no final da tarde do dia seguinte. Os fatos que relatarei a seguir esclarecerão por que tal relação se tornou impossível. Mas já antecipo alguns aspectos da dificuldade. Em que pesasse a afeição que sentíamos um pelo outro, não teríamos como nos casar de um dia para o outro, nem eu teria condições financeiras de levá-la para Los Angeles. Assim, entre Vera e mim um extenso hiato iria fatalmente se abrir e se consolidou pelas razões que descreverei adiante. Manter contato nas condições daquela época era muito difícil, e assim o sentimento amoroso que aflorou em nosso feliz reencontro acabou por se esvanecer. Já era avó quando a revi, muitos anos depois.

Em Belo Horizonte, no começo do seminário internacional de política, encontrei Peter Bell e lhe pedi que me acompanhasse ao consulado, com o que ele imediatamente concordou. O que se passou desse momento em diante foi bizarro, para dizer o mínimo, e afetou o restante de minha vida.

O consulado americano funcionava no oitavo andar de um prédio situado na esquina das ruas Guajajaras e Bahia, ao lado da churrascaria Camponesa, um ícone da culinária belo-horizontina daqueles tempos. Quando Peter Bell e eu nos apresentamos à recepção, o cônsul nos fez saber peremptoriamente que nos receberia um de cada vez, não juntos. Entrei primeiro, e bastaram-lhe cinco minutos para me dizer que não iria reconsiderar sua decisão. Que cancelara meu visto porque me considerava um perigoso comunista. Peter entrou em seguida e, na descida do elevador, contou-me rapidamente o que se passara na conversa dele com o cônsul. Quarenta e um anos mais tarde, em 2007, ele fez o mesmo relato num depoimento prestado à revista *LAFF Society Newsletter:*[19]

> *The consul insisted on seeing Bolivar and me separately rather than together. When Bolivar emerged from his meeting, he did not utter a word, but looked crestfallen. It was then my turn to go to the office. The consul shut the door and told me point blank that he could not possibly grant a visa to Bolivar. When I asked why, he said that it was because Bolivar was the **real thing**. I asked what that meant, and the consul responded: He is **deep red**. There was, he admonished, nothing more to be said.*
>
> *With that, Bolivar and I took the elevator down to the ground floor of the building that housed the Consulate. As we got out, members of the Brazilian secret police seized Bolivar and manhandled him into the back of a covered truck. I tried to accompany him, but was pushed back. I went back to the Consulate again and demanded an explanation. To no avail.*

Os agentes e a direção do Dops nada me disseram nem perguntaram. Fiquei dois meses e dezesseis dias atrás das grades, sem nenhuma

---

19   Veja-se no Anexo 1 deste livro o artigo reproduzido na íntegra e em tradução juramentada.

comunicação oficial das autoridades. Era, naquele momento, o único preso político sem processo formado em todo o Brasil, o que mantinha meu nome na imprensa o tempo todo. No documento anteriormente citado, Peter Bell relata que os participantes do seminário internacional de ciência política, uma vez informados do local onde eu me encontrava, alugaram um ônibus e foram até lá; não conseguiram avistar-se comigo, mas conseguiram me ver, certificando-se de que estava vivo. Só quem conseguiu falar comigo foi Mário Brockman Machado, à época um pós-graduando em Minas, que era advogado e tinha em mãos sua carteira de identificação da Ordem dos Advogados do Brasil (OAB). Naquele ano, o chefe da Casa Civil do presidente Castelo Branco era o cientista político baiano Luiz Navarro de Britto, com quem muitos de nós mantínhamos relações de amizade; soube, posteriormente, que ele recebeu volumosa correspondência e fez por mim tudo o que estava a seu alcance.

Não sei dizer se algum intelectual ou entidade considerada de esquerda chegou a se pronunciar em meu favor; tendo a pensar que não, dadas as circunstâncias então prevalecentes. O professor Orlando de Carvalho, jurista e ex-reitor da UFMG, ligado à UDN e considerado direitista, escreveu uma carta de recomendação datada de 17 de setembro, dois dias antes de minha prisão, que eu deveria ter entregado pessoalmente ao cônsul norte-americano.

> Exmo. Sr. William Price, DD. Cônsul dos Estados Unidos, Capital. Senhor Cônsul. Tenho o prazer de informá-lo de que o Sr. Bolívar Lamounier, que está terminando seus estudos de Ciência Política em Los Angeles, na Universidade da Califórnia, é meu conhecido há muitos anos, desde que iniciou seus estudos na Universidade Federal de Minas Gerais. Posso assegurar-lhe que se trata de um moço de altas qualidades intelectuais e excelente formação moral. As colaborações que tem publicado em revistas e periódicos brasileiros revelam perfeita identificação com os ideais democráticos e com os propósitos de uma sistemática apreciação da realidade nacional, não se justificando qualquer

preocupação da parte de autoridades nacionais ou estrangeiras. Aproveito a oportunidade para apresentar-lhe votos de apreço e alta consideração.

Minha irmã Violeta, que enviuvara em 1964, tinha três crianças pequenas: Júlio César, com nove anos; Simone, com sete, e Arnaldo, com cinco. Sabendo que eu estava em Belo Horizonte, eles perguntaram se eu não ia aparecer lá para vê-los. Violeta explicou-lhes que não, porque eu estava estudando num "colégio interno". No "colégio", éramos quatro numa cela de aproximadamente cinco por cinco metros, com um pequeno banheiro. Um deles eu conhecia, era José Gomes Pimenta, o Dazinho, deputado estadual pelo Partido Democrata Cristão (PDC), pessoa de referência na AP, com a qual eu também tivera afinidade durante meus anos de graduação na Faculdade de Ciências Econômicas, até então avessa à luta armada. Dazinho elegeu-se deputado estadual graças à liderança que exercia no Sindicato dos Trabalhadores da Indústria da Exploração do Ouro e Metais. Foi condenado a dez anos de prisão e veio a falecer em março de 2007, aos 84 anos, em decorrência da silicose, doença que contraíra durante seus anos de trabalho na mina de ouro de Morro Velho. Outro, de cujo nome não estou certo, era Geraldo Andrade, ligado ao sindicato dos transportes e ao Partido Comunista. Alto e muito forte, fazia exercícios diários e se empenhava em manter elevado o estado de ânimo de todos nós. Logo que cheguei, a primeira coisa que me disse foi: "O essencial aqui é não se deixar abater; nos primeiros dias você vai ter dificuldade até para comer, não se impressione, acontece com todo mundo; não se deixe abater". Agradeci-lhe e disse que começaria a comer já naquela noite, quando as marmitas chegassem – como de fato fiz. Mas fácil não era, óbvio.[20]

Geraldo era um apaixonado torcedor do Cruzeiro FC. Com um radinho grudado ao ouvido, acompanhava todos os jogos do time. Um dia o supertime do Santos veio jogar contra o Cruzeiro, com toda a sua

---

20 Desde o primeiro momento, a socióloga Valéria Pena deu-me uma grande ajuda, trazendo livros, correspondência, frutas.

plêiade: Pelé, Coutinho, Carlos Alberto... Era o primeiro de dois jogos da final da Taça Brasil (o Brasileirão ainda não existia). Só que o Cruzeiro também tinha uma plêiade que o Brasil apenas começava a conhecer: Tostão, Dirceu Lopes, Zé Carlos, o goleiro Raul... Para encurtar a ópera: concluído o primeiro tempo, o Cruzeiro já vencia o Santos por 5 a 0. O placar final terminaria em 6 a 2. No segundo jogo, no Pacaembu, novo triunfo cruzeirense, de virada, por 3 a 2. Daquela primeira partida, nunca vou me esquecer dos saltos de alegria, quase tocando o teto, que Geraldo dava a cada grito de gol, tendo como pano de fundo o enorme ruído que assomava no Mineirão.[21]

Certa noite, numa hora já bem avançada, ouvimos gritos desesperados no corredor. Eram guardas trazendo um indivíduo de cor negra, que ficou trancafiado na cela fronteira à nossa. Na manhã seguinte, esse indivíduo foi encontrado morto; havia se enforcado em tiras rasgadas de seu lençol. Nada conseguimos saber sobre o caso, obviamente. Relembrando seus gritos, vem-me à memória a impressão – não mais que uma impressão – de que não se tratava de um infrator político, e sim de um portador de alguma deficiência mental.

Tínhamos uma hora de sol e três de visitas em dias alternados da semana. Nessas ocasiões eu recebia cartas, inclusive cópias de apelos por minha libertação enviados pela comunidade acadêmica americana ao governo brasileiro. O Centro de Estudos Latino-Americanos da UCLA enviou extenso memorando a William O. Douglas, juiz da Suprema Corte e membro do conselho da Fundação Parvin, dando conta de minha situação e assegurando que minha vaga no Departamento de Ciência Política e os pagamentos de minha bolsa seriam imediatamente restabelecidos assim que eu retornasse a Los Angeles.

Os advogados Obregon de Carvalho, em Belo Horizonte, e Heleno Fragoso, no Rio, engajaram-se *pro bono* em minha defesa, pedindo ao Superior Tribunal Militar minha libertação e a extinção do processo por inexistência de justa causa. E foram esses, exatamente, os termos do

---

21 Não consigo me lembrar do nome do quarto preso na cela, nem encontrei registro algum nos arquivos do Departamento de Vigilância Social, atualmente a cargo do Arquivo Público Mineiro.

habeas corpus concedido pelo tribunal em 30 de novembro, tendo como relator o ministro tenente brigadeiro Gabriel Grum Moss:

> Não se pode, pelo que se contém nos autos e apenas porque haja sido, se é que o foi, o organizador do Encontro Nacional dos Estudantes de Sociologia em 1962, ou membro da Polop, dar o paciente como incurso nas sanções do inciso III, art. 2º e artigos 7º e 9º da Lei de Segurança Nacional. A ausência de uma necessária correlação de fatos ligando realmente o paciente ao movimento subversivo não permite em consciência se o incrimine, como o foi, nos mais sérios e severos dispositivos da Lei de Segurança. ISTO POSTO, acordam os ministros deste superior tribunal, por unanimidade de votos, em conceder a ordem para retirar o paciente da denúncia por falta de justa causa. SUPERIOR TRIBUNAL MILITAR, 30 de novembro de 1966 (seguem-se as assinaturas dos quinze ministros).[22]

Libertado em 2 de dezembro e tendo vívidas na memória as dificuldades que encontrara na Delegacia Regional da Receita Federal, para a renovação de meu passaporte, bem como a manifesta colaboração do cônsul americano com o Dops quando de minha prisão, decidi tentar a renovação e a obtenção do visto americano no Rio de Janeiro. Um documento a que posteriormente tive acesso não deixa dúvida quanto ao acerto dessa decisão. Num ofício enviado pelo então diretor do Dops (chefe do setor de Vigilância Social), sr. Fábio Bandeira de Figueiredo, ao delegado regional da Receita Federal, sr. Jair Diniz Camargo, lia-se o seguinte:

> Senhor Delegado Regional: (1) Atendendo a uma solicitação da parte interessada, informo-vos que, da parte deste Departamen-

---

22 É relevante observar, conforme noticiado pela imprensa no dia seguinte, que o ministro Peri Bevilacqua, ao votar o *habeas corpus*, considerou "uma pena que não se possa estender a medida aos 115 estudantes indiciados no mesmo IPM (Inquérito Policial-Militar), pois esses jovens tiveram uma atitude respeitável ao condenarem nas ruas as eleições indiretas que se realizaram em alguns Estados" (*Jornal do Brasil*, 1º dez. 1966).

to, não existe impedimento para que o civil Bolívar Lamounier deixe o Brasil. (2) Esta nossa afirmativa tem base no ofício número 1.656, de 5 do fluente, dirigido ao Senhor Secretário de Segurança Pública, em que o doutor Waldemar Lucas Rêgo Carvalho, 1º Substituto Auditor, em exercício, comunica-nos que o Superior Tribunal Militar, em sessão de 30 de novembro do corrente ano, concedeu ordem de *habeas corpus* em favor de Bolívar Lamounier, para que o mesmo fosse excluído da denúncia por falta de justa causa, esclarecendo ainda, o referido Juiz, que o mencionado civil estava respondendo a processo perante a Auditoria Militar da 4ª Região Militar, ao obter a referida ordem de *habeas corpus*. **(3) Julgamos aconselhável, entretanto, salvo melhor juízo, seja consultado o Comando Militar da ID/4, para decisão final.** (4) Valho-me da oportunidade para apresentar-vos os meus protestos de grande consideração e apreço. [Assinado]: Chefe do Departamento de Vigilância Social. Fábio Bandeira de Figueiredo (grifo meu).

O item 3 do ofício do dr. Bandeira de Figueiredo diz algo interessante sobre as percepções que iam se formando entre os diferentes setores a respeito do recém-instaurado regime militar. Ele, chefe do Departamento de Vigilância Social, entendia que a decisão unânime do Superior Tribunal Militar encerrara o assunto, mas não estava seguro de que o comando militar regional visse a situação pelo mesmo prisma. Para este, parecia-lhe que o *habeas corpus* poderia não ter sido uma "decisão final". Na noite de 31 de dezembro de 1966, embarquei no aeroporto do Galeão num voo destinado a Los Angeles, com escalas em Guayaquil e Lima. Chegando a Los Angeles na manhã de 1º de janeiro, dirigi-me a um apartamento que dividira com meu grande amigo e poeta Affonso Romano de Sant'Anna, mas o imóvel estava fechado. Affonso havia saído de férias, mas o administrador do prédio se lembrava de mim e me permitiu entrar.

10. 1968 – UM ALMOÇO COM FERNANDO GABEIRA

Na retomada do ano letivo, tendo em vista que os dois primeiros anos de minha bolsa Parvin estavam esgotados, o Departamento de Ciência Política e o Centro de Estudos Latino-Americanos ofereceram-me uma alternativa: pleitear a renovação da bolsa ou assumir uma posição de *teaching assistant* (assistente de ensino).[23]

Era uma escolha de Sofia; a função de assistente pagaria o dobro, mas me daria bastante trabalho. Como assistente, eu teria de dar algumas das aulas do titular da disciplina, estar disponível para consultas dos alunos e, o pior, fazer a correção inicial dos trabalhos (os famosos *blue books*!), deixando para discussão com o professor só uma minoria de casos duvidosos. Essas responsabilidades somar-se-iam à pesada carga de cursos e leituras que iria enfrentar na reta final do doutorado.

O bolso falou mais alto. Optei pela posição de assistente, apesar da proximidade dos exames finais. Precisando dos dados eleitorais que não conseguira coletar no ano anterior, o jeito foi apelar para minha mãe. Nessa época, Minas Gerais tinha cerca de 750 municípios. Numa folha de papel almaço, desenhei a enorme matriz que precisava preencher, com os municípios listados na vertical e os resultados eleitorais e outras informações na horizontal. Nas instruções que enviava à minha mãe, guardadas em minha correspondência, encontro coisas deste tipo: "Por favor, em toda informação que mandar, não se esqueça de dizer a fonte:

---

23 Não confundir com *assistant professor*, título que designava um docente efetivo da universidade, em início de carreira.

de onde copiou as estatísticas, que departamento ou agência do governo as compilou, o nome da pessoa que lhe deu permissão para copiá-las etc. Tudo isso deve aparecer em artigos ou livros que eu venha a escrever. Além dos resultados eleitorais, isso também vale para o número de rádios, telefones etc.". Minha mãe passou semanas e semanas no Tribunal Regional Eleitoral (TRE) de Minas, copiando tais dados com o mais absoluto esmero. Serão os estudantes de hoje – cada um com seu computador pessoal e com a internet facultando-lhes acesso instantâneo aos arquivos oficiais – capazes de imaginar tal situação?

Ao concluir os exames, em maio de 1968, foi-me sugerido permanecer lá e resolver de vez o problema da tese, mas decidi voltar. Outra vez a falta da família e um certo sentimento de dever com o Brasil, mas também, agora, um compromisso que assumira com o professor Cândido Mendes de vir para o Rio dirigir o Iuperj, em via de implantação.

Logo após meu retorno dos Estados Unidos, creio que em julho, ocorreu um fato que, em retrospecto, vejo como digno de registro: um convite para almoçar que me fez um velho amigo, o jornalista Fernando Gabeira, à época vinculado ao *Jornal do Brasil*. Pegamos uma mesa ao ar livre num daqueles agradáveis restaurantes que havia na praça General Osório. Confesso que, em minha santa ingenuidade, de início não percebi qual seria o objetivo da conversa. Mal tomáramos o primeiro chope e ele, com sua conhecida vivacidade, já me fazia perguntas detalhadas sobre o que eu estudara nos Estados Unidos, como via a situação brasileira, quais eram meus planos. Disse-me que tinha um grupo de amigos "discutindo alternativas". Quando começamos a discordar em alguns pontos, ele sentenciou: "Bolívar, o marxismo é o horizonte filosófico inultrapassável de nosso tempo". Em vez de comentar a sério a proposição, limitei-me a dizer-lhe, amistosamente: "Gabeira, você precisa parar de ler essas bobagens do Sartre", pois lembrava-me perfeitamente de que tal expressão ocorre já no prefácio da obra capital de Sartre no campo da teoria política, a *Crítica da razão dialética*. Gabeira fez referência a esse fato anos mais tarde, num artigo de autocrítica publicado na *Folha de S.Paulo* ("Outro mundo", 30/1/2009). Lembrou que, visitando-o na prisão, Affonso Romano ressaltou o messianismo meio religioso que permeia o marxismo, e foi além, admitindo que "um a um, os partidos social-democratas [europeus] estavam se livrando de suas supostas certezas históricas, contentando-se com o aumento do poder de consumo, a maior liberdade das pessoas e a estabilidade democrática. Vista retrospectivamente, [essa] foi uma extraordinária conquista". O ponto a destacar, porém, é que em setembro o Movimento Revolucionário 8 de Outubro (MR-8) e a Ação Libertadora Nacional (ALN) perpetrariam no Rio de Janeiro o ato mais audacioso da luta armada: o sequestro do embaixador americano Charles Burke Elbrick, no qual Gabeira teve participação relevante. Quer dizer, a referência a Sartre deve ter sido parte de uma sondagem, Gabeira queria saber se eu estaria disposto a entrar na luta clandestina. O almoço estava ótimo, Gabeira é uma grande figura, mas essa, decididamente, não era minha inclinação. Dizer grande figura é pouco: ao regressar do exílio, Gabeira fez uma autocrítica sem meias palavras, mais franca e corajosa que a de qualquer outro militante da luta armada.

Mais ainda que em 1966, impressionaram-me a rapidez e a extensão com que os comportamentos da sociedade belo-horizontina haviam se alterado. Meus colegas e conhecidos da universidade, que antes só andavam de ônibus, agora tinham cada um o seu fusca. E a cidade, como não poderia deixar de ser, sofria com as mudanças. Os canteiros centrais arborizados das avenidas precisaram ser estreitados para ceder espaço aos automóveis. O barulho aumentara barbaramente. Nos lares, o violão silenciou para as famílias acompanharem as novelas. As moças, com quem conversávamos nos grupos de esquina, tudo dentro de certo recato, tornaram-se assíduas nas boates e trocaram o chope pelo uísque. Na música, na dança e no modo de vestir, a mudança era igualmente perceptível. Nos meios de esquerda, que antes cultivavam certa sisudez e um acentuado antiamericanismo, agora os Beatles e a minissaia reinavam soberanos. E, claro, havia as versões brasileiras; no início a expressão "reis do iê-iê-iê" soava-me de um ridículo atroz; depois me acostumei.

Afora a tensão política, a primeira coisa que observei nesse meu segundo regresso foi a preocupação com a criminalidade. Em retrospecto, não tenho dúvida de que, pelo menos no Rio de Janeiro e em São Paulo, mudanças sociais malfazejas estavam destruindo para sempre o idílio em que vivêramos nossa adolescência. Até meados dos anos 1970, a altas horas da noite, ainda era comum casais de namorados ficarem sentados na praia ou caminharem tranquilamente pela orla marítima. Mais alguns anos e isso se tornou impensável. O retrospecto histórico parece-me essencial para compreendermos tal mudança. Até por volta de 1950, a população urbana brasileira era pequena, e a estratificação era rígida mesmo nas cidades. Deixo de lado o meio rural e as pequenas localidades do interior, que ainda concentrava mais de metade da população, mas arrisco-me a afirmar, em termos impressionistas, que aí a criminalidade não era elevada. Mesmo nos centros urbanos, tanto nos lares como nas funções que ocupava e nas instituições que dirigia, a classe média era capaz de manter uma certa ordem. Poucas pessoas possuíam armas. A partir daquela época, o Brasil abraçou a crença no progresso com uma ingenuidade talvez sem paralelo em outros países. As cidades cresciam rápido, os problemas se multiplicavam, mas nós queríamos acreditar que o crescimento econômico por si só atenderia às necessidades sociais e ajustaria os interesses. Nossa proverbial "cordialidade" daria sua contribuição, ajudando a sociedade a absorver as novas pressões que surgiam com a industrialização, a urbanização e a imigração do campo para as cidades. Nesse quadro, o diagnóstico era que a violência era e continuaria sendo baixa, e talvez até decrescesse à medida que o país se modernizasse. Filhos de um país abençoado por Deus e bonito por natureza, só conseguíamos ver os problemas pela ótica das diferenças sociais: "Quando derem vez ao morro, toda a cidade vai cantar...". Atualmente, além das estatísticas sobre homicídios, que não deixam margem para dúvida, há um consenso inarredável de que nos tornamos um país violentíssimo. E aqui, parece-me haver uma questão importante, que a meu ver tem sido pouco discutida: a relação entre o crescimento acelerado da criminalidade e a vigência do regime militar. Obviamente, não vou sugerir uma relação direta entre as duas coisas, como se a natureza autoritária do regime tivesse "causado" o aumento da criminalidade comum. O que afirmo é que, naquele quadro enrijecido em termos de "nós" contra "eles", governo *versus* oposição, não havia como situar tal questão entre as prioridades da discussão pública e da política governamental. Durante os 21 anos do governo militar, o abismo que começava a dividir o país não entrava no radar de nenhum dos dois lados. A preocupação dos militares era combater os focos de violência política (a luta armada). A oposição concentrava-se na crítica aos desacertos do governo no campo das políticas econômicas e sociais. Reeditávamos, sem o saber, o clássico enredo de Hobbes contra Rousseau, com Paulo Maluf e Franco Montoro nos papéis principais. Para Maluf, a solução era simples: botar mais polícia na rua. Para Montoro, remover o que ele via como as causas dominantes da criminalidade, implementando políticas voltadas para a "justiça social". Dessa forma, à medida que o drama era encenado, o narcotráfico, sem encontrar resistência, instalava-se confortavelmente nas duas principais cidades do país, ganhando o controle dos morros e organizando uma vasta rede para a distribuição da droga. Foi assim que chegamos à situação atual, cuja traço característico é uma aguda desproporção de recursos. De um lado, polícias mal pagas, mal armadas e porosas à corrupção. Do outro, os exércitos privados do narcotráfico, portando armamento pesado, que entra por nossas fronteiras com a mesma facilidade com que entram as drogas. Por último, mas não menos importante, vivemos na ilusão de combater a oferta sem combater a procura. Recusamo-nos a admitir que o consumo sem restrições perpetua e dilata o mercado que o crime organizado alimenta e do qual se alimenta. Restabelecidos em 1985 o estado de direito e o regime político civil, o Partido dos Trabalhadores (PT), os partidos de esquerda e talvez a maior parte do clero e da classe política continuaram a pensar da mesma forma. Nada aprenderam e nada esqueceram.

Em 1968, o Iuperj tinha precária existência tanto no papel como na realidade. Instalado em duas salas da Faculdade de Comércio Cândido Mendes, na praça XV de Novembro, suas atividades eram escassas, desconexas e informais, inexistindo até mesmo registro das relações de trabalho. Sua função real era abrigar uns poucos intelectuais que haviam ficado ao relento após o golpe de 1964 e servir como ponto de encontro para um grupo de estudantes ocupados como assistentes de pesquisa, sem perspectiva de cursar uma pós-graduação. Não obstante essas deficiências flagrantes, a Fundação Ford dispusera-se a apoiar o instituto, e desde logo a patrocinar o doutoramento dos pesquisadores mais avançados nos Estados Unidos, entre os quais Wanderley Guilherme dos Santos, César Guimarães, Edmundo Campos e Carlos Hasenbalg. Ao assumir a direção, manifestei desde a primeira hora ao professor Cândido Mendes meu desejo de mudar aquele estado de coisas. O cerne do problema não era convencê-lo, mas conduzir as mudanças em sincronia com as dificuldades que ele mesmo enfrentava como líder do conjunto, uma instituição pouco conceituada e extremamente arcaica. Destaquei três pontos: retirar o instituto da praça XV, transferindo-o para um imóvel mais adequado e onde ele pudesse desenvolver suas atividades com efetiva autonomia, implantar um programa de mestrado e despersonalizar e formalizar as relações de trabalho e a escala salarial. Posso adiantar que logrei os dois primeiros objetivos, sobretudo o primeiro. Com a aquiescência de Cândido, o instituto passou a funcionar na rua Paulino Fernandes, em Botafogo, num pequeno prédio alugado. Em retrospecto, penso que três recursos trabalharam a favor de meu plano. Primeiro, por maiores que fossem as restrições que sofria no jogo interno de forças da praça XV, Cândido Mendes tinha consciência das dificuldades que emergiriam no convívio de um instituto de pesquisas moderno com o desmedido arcaísmo da velha Faculdade de Comércio. Segundo, como plano de médio prazo, Cândido nutria uma legítima ambição de vir a presidir a Associação Internacional de Ciência Política (AICP), o que implicaria incrementar as relações do instituto com o meio externo, inclusive mediante convites a cientistas políticos do Primeiro Mundo para ministrar conferências ou cursos de curta duração. Terceiro, em que pesasse minha juventude, eu gozava de prestígio suficiente não só para dar continuidade às relações antes estabelecidas com a Fundação Ford, mas também para manter uma contínua interface com órgãos governamentais e com as entidades públicas de ensino sediadas no Rio de Janeiro, tendo em vista angariar apoio para projetos de pesquisa e firmar uma boa imagem externa para o instituto. Esse terceiro recurso viria, porém, a sofrer um forte impacto negativo em abril – a aposentadoria compulsória de professores das universidades públicas –, como explicarei a seguir.

Em 25 de abril de 1969, o governo editou um decreto com base no Ato Institucional nº 5, determinando a aposentadoria compulsória de 63 integrantes das universidades e de outras entidades públicas de ensino e pesquisa, entre os quais muitos destacados membros do meio acadêmico brasileiro. Fernando Henrique Cardoso, Florestan Fernandes, Octavio Ianni e outros foram atingidos por esse mesmo decreto. Incluído na lista, senti que o arbítrio do regime chegava ao paroxismo. Eu trabalhava numa instituição privada, o Iuperj, e sem vínculo formal de emprego, conforme assinalei anteriormente; minha aposentadoria deveria, pois, ser considerada nula de pleno direito. Dá-se, no entanto, que medidas decretadas com base no AI-5 eram insuscetíveis de apreciação judicial, com o que tal argumento não encontraria guarida nos tribunais. Para mim, o que aquela medida representou foi, portanto, uma exclusão preventiva, impedindo-me de qualquer futura participação na administração pública ou em universidades públicas. Em tal circunstância, comuniquei ao professor Cândido Mendes minha disposição de dirigir as atividades do Iuperj somente até o fim do ano, pois minha intenção a partir de então era me mudar para São Paulo e procurar trabalho na iniciativa privada.

11. UM TEMPO DE SUFOCO NA PAULICEIA

Durante o segundo semestre de 1969, como assessor informal de Peter Bell, o representante da Fundação Ford no Rio de Janeiro, advoguei a favor dos cientistas sociais aposentados de São Paulo, que, liderados por Fernando Henrique Cardoso, se propunham a estabelecer um centro privado de pesquisas, que viria a ser o Centro Brasileiro de Análise e Planejamento (Cebrap). De início, porém, não condicionei minha vinda para São Paulo a uma eventual participação no Cebrap. Ao contrário, cogitava procurar trabalho na iniciativa privada, abdicando em definitivo da carreira acadêmica. Lembro que o Departamento de Ciência Política de Minas Gerais, por ser ligado à universidade federal daquele estado, deixara de ser uma alternativa. Jornalismo, talvez. Eu tivera uma modesta experiência em Belo Horizonte, mas não cheguei a explorar tal possibilidade em São Paulo, dado o corporativismo da profissão, notoriamente resistente a estranhos em seu ninho. Quem me demoveu da ideia de procurar uma colocação na iniciativa privada foi meu querido amigo Carlos Estevam Martins, em cujo apartamento me hospedei nos meus primeiros dias de Pauliceia. Depois, mudei-me para um apartamentinho na rua Avanhandava, num prédio bem conhecido em virtude do famoso restaurante Gigetto, situado no andar térreo. Como em tantos outros prédios naquela época, era óbvio que os porteiros haviam sido recrutados para serem informantes do Dops. Tendo vindo para São Paulo alguns meses antes de mim, Carlos Estevam integrara-se ao Cebrap e, posteriormente, iria se somar também ao corpo docente de Ciência Política da USP. Enfim, fomos conversar com Fernando Henrique e companhia; nesse primeiro encontro, ofereceram-me uma bolsa por seis meses, como solução provisória, no aguardo de outra mais estável. Os seis meses da bolsa estenderam-se por dez anos, durante os quais julgo ter sido útil ao crescimento e à consolidação do Cebrap.[24]

Com Leslie Bethell e Thomas Skidmore no Wilson Center for International Scholars, Washington, D.C., em 1979, como bolsista da instituição.

Em 1973, com o objetivo de apoiar alguns dos professores compulsoriamente aposentados em 1969, a Pontifícia Universidade Católica de São Paulo (PUC-SP) estabeleceu um programa de pós-graduação, dirigido por Carmen Junqueira, do qual participamos Florestan Fernandes, Octavio Ianni e eu. O programa tinha muitas

---

24   Ao longo daquela década – 1970-80 –, ausentei-me do país em duas ocasiões. Em 1972, para um estágio pós-doutoral na Yale Law School (Faculdade de Direito da Universidade de Yale), a convite do Programa sobre Direito e Modernização, dirigido pelo professor David Trubek, e, em 1979, como bolsista do Wilson Center for International Scholars, em Washington, D.C. Em Washington, fui também membro do conselho do Diálogo Interamericano, dirigido por Peter Hakim e Michael Shifter.

deficiências, funcionando só à noite, mas nele permaneci como professor durante vinte anos. Entre os melhores estudantes que orientei na PUC, destaco Maria Tereza Sadek, que anos mais tarde se tornaria uma grande conhecedora do sistema de justiça. Com Maria D'Alva Kinzo, minha orientanda na PUC, tive vários momentos amorosos de aproximação e distanciamento. Ao fim e ao cabo, ela obteve uma bolsa para Oxford, Reino Unido, onde se doutorou com uma tese sobre o Movimento Democrático Brasileiro (MDB), analisado como um caso bem-sucedido de oposição legal a um regime autoritário. Ainda sobre a temática dos partidos, Regina Sampaio apresentou como tese de mestrado um estudo original sobre o Partido Social Progressista (PSP) de Adhemar de Barros.

De início, estranhei bastante a estratificação interna, quero dizer, a verticalidade das relações, algo que não conhecera no meio universitário do Rio e muito menos no de Minas Gerais. Com o tempo compreendi tratar-se de um transplante (consciente ou inconsciente) de padrões de relacionamento vigentes na USP, onde os graus da carreira acadêmica tendiam a se manifestar como graus de autoridade. Até hoje, acredito que tal estratificação era um fenômeno mais amplo da sociedade paulista, cujas distâncias sociais me pareciam mais acentuadas que as dos outros estados onde vivi. Tenho até hoje a impressão de que não era fácil formar amizades, embora esse aspecto tenha se atenuado ao longo do tempo graças a duas acolhedoras instituições paulistas: o bar do "badalo", onde certos grupos sempre se encontravam, e as festas dançantes, que o próprio clima repressivo paradoxalmente estimulava, quero dizer, tornava necessárias. Naqueles primeiros tempos, o bar do badalo era principalmente o Riviera, na rua da Consolação, bem em frente ao Cine Belas Artes. Foi lá que acompanhei a Copa do Mundo de 1970 – como esquecer a bomba de Rivelino contra a Tchecoslováquia? Mas a final, não aguentei, precisava vê-la no Rio de Janeiro. Por volta de 1976, a amiga Cecília Forjaz, à época professora de política na Fundação Getulio Vargas (FGV), convidou-me a dar uma palestra sobre partidos políticos a seus alunos. Lembro-me de haver organizado minha fala projetando um futuro no qual aquele amistoso "nós" das festinhas dançantes virasse pelo avesso, transformando-se num "nós" contra "eles".

Outro detalhe que me chamava a atenção desde meu retorno ao Brasil em 1968, e que me pareceu tão acentuado no Rio como em São Paulo, era a ojeriza ideológica dos estudantes e de parte dos docentes em relação à terminologia e aos métodos típicos da ciência política norte-americana, que àquela altura caminhava a passos largos para se firmar como referência mundial da disciplina. Termos como "sistema político" e "cultura política" causavam espécie. Não poucos torciam o nariz para pesquisas por amostragem e às vezes para o simples uso de dados quantitativos; certo dia alguém se referiu a mim como a "ala quantofrênica do Cebrap", expressão que até hoje me faz rir. Havia também uma rejeição figadal a tudo o que soubesse a Direito, portanto o estudo das instituições políticas despertava suspeitas, pois estas eram entendidas como "meramente formais", insubsistentes, logo detestáveis em termos ideológicos. Contudo, para mim, o mais extraordinário foi constatar que o próprio termo "cidadania" despertava resistências. Tratava-se, como ouvi em diversas ocasiões, de um conceito intrinsecamente direitista, avaliação essa que não poupava sequer o estudo "Cidadania e classe social", de 1951, do inglês Thomas Marshall, que só paulatinamente veio a ser reconhecido pelo que é: um clássico da sociologia histórica. Esse fragmento de memória vem com outro de que me recordo com satisfação e especial orgulho. Em 1980, estando eu ainda no Cebrap, Francisco Weffort, Maria Victoria Benevides e eu organizamos, em colaboração com a PUC, um seminário intitulado "Direito, cidadania e participação", cujo conteúdo foi publicado com esse mesmo título no ano seguinte pela editora T. A. Queiroz.[25] Sem intenção de ironizar, dei a meu texto o título de "Representação política: a importância de certos formalismos".

---

25 Foram incluídas no livro as minhas contribuições e as de Clóvis Cavalcanti, Fábio Konder Comparato, Francisco C. Weffort, Joaquim de Arruda Falcão, Paulo Sérgio Pinheiro, Pedro Sampaio Malan e Wanderley Guilherme dos Santos, com comentários de Alberto Venancio Filho, Celso Lafer, David Trubek, Hélio Pereira Bicudo, Luiz Jorge Werneck Vianna, Marcos Coimbra, Mário Brockmann Machado e Paul Israel Singer.

Ao contrário do que inicialmente planejara, acabei permanecendo dez anos no Cebrap. Em retrospecto, penso que isso se deveu a uma certa redução das distâncias intelectuais, graças ao convívio, e talvez até mais importante, ao estreitamento dos laços de solidariedade política, pois estávamos objetivamente no mesmo barco. Como um centro de resistência ao regime militar, éramos um alvo fácil para as organizações repressivas em que ele se baseava. Nesse aspecto, e no que me toca pessoalmente, creio oportuno lembrar três episódios. Na primeira metade dos anos 1970, numa hora de almoço, estando quase vazio o casarão da rua Bahia, assisti, impotente, à chegada de agentes da Operação Bandeirantes (Oban) para prender Jorge Mattoso, um futuro integrante do PT que chegaria à presidência da Caixa Econômica Federal no governo Lula. Depois de um ano preso, Mattoso conseguiu viajar para o Chile e de lá para a Suíça e a França, onde fez cursos avançados de economia. Beneficiado pela Lei da Anistia, regressou ao Brasil, participou da elaboração dos programas de campanha do PT e vinculou-se como professor à Unicamp.

Alguns anos depois, fui convocado a comparecer à Oban para depor a respeito de um suposto envolvimento do professor Paul Singer com uma organização clandestina. Paul estava lá, preso, mas obviamente não me deixaram vê-lo. Feitas as ameaças de praxe, o interrogador perguntou-me se eu tinha conhecimento de ligações de Paul com o argentino Exército Revolucionário do Povo (ERP). Respondi que era uma ideia absurda, pois eu me encontrava diariamente com ele no Cebrap, trabalhávamos a poucos metros um do outro e nunca presenciara fato algum que indicasse tal ligação. Ficou por isso mesmo.

Em 1976, em parceria com a Cúria Metropolitana, o Cebrap produziu um livro de grande repercussão, intitulado *São Paulo 1975: crescimento e pobreza*. O objetivo era mostrar que o crescimento econômico acelerado do período anterior não resolvera o problema da pobreza, que aumentara em concomitância com ele. A reação de adeptos do regime a essa iniciativa foi violenta, culminando, em 5 de setembro daquele ano, num atentado à bomba contra a sede do Cebrap, na rua Bahia. Às duas e meia da madrugada, uma bomba de fabricação caseira foi arremessada contra uma das vidraças da frente da casa. Os danos não foram graves, não exatamente por sorte, mas porque o vigia noturno pegou um balde d'água e rapidamente debelou o incêndio que começava a se formar.

Escusado lembrar que o Cebrap reuniu um grupo de pesquisadores de altíssimo nível: Arakcy Rodrigues, socióloga; Elza Berquó, estaticista e demógrafa; Francisco de Oliveira, economista; Francisco Weffort, cientista político; Juarez Rubens Brandão Lopes, sociólogo; José Arthur Giannotti, filósofo; Lúcio Kowarick, sociólogo; Paul Singer, economista; Cândido Procópio Ferreira de Camargo, sociólogo; Vilmar Faria, sociólogo, além, é claro, de Fernando Henrique.

Em retrospecto, creio que o ponto alto de minha participação no Cebrap foi o estudo das eleições de 1974. Pressentindo que o governo, ao contrário do que se propalava, não as venceria com folga e poderia até ser derrotado no que tangia às vagas a preencher no Senado, convenci a diretoria da entidade a fazer um trabalho de vulto: uma pesquisa por amostragem do voto na capital. Um dado curioso, ilustrativo do clima em que vivíamos, é que Fernando Henrique e eu achamos conveniente oficiar ao Tribunal Regional Eleitoral pedindo autorização para a realização da pesquisa. A resposta, como não poderia deixar de ser, foi que o trabalho colimado "independia de autorização judicial".

Sem financiamento, o projeto só pôde ser levado a cabo graças à providencial contribuição de minha amiga Maria Tereza Sadek, à época minha aluna no mestrado de Ciências Sociais da PUC-SP. Como professora na graduação daquela universidade, ela mobilizou e motivou algo como vinte estudantes para atuarem como entrevistadores. Dito assim, pode parecer simples, mas é preciso lembrar que a garotada iria bater às portas de domicílios distribuídos aleatoriamente em toda a cidade, inclusive favelas e bairros considerados perigosos. No final, tínhamos em mãos as 920 entrevistas planejadas, um levantamento completo da eleição na capital. Uma pequena força-tarefa foi ao TRE e entrou noite adentro copiando os dados da eleição segundo os distritos da capital e os municípios do interior, o que possibilitou ricas análises dos resultados oficiais de todo o estado. Esse conjunto de informações – ao qual se somaria uma análise da eleição mineira, produzida por Fábio Wanderley Reis, e da gaúcha, assinada por Hélgio Trindade – viria a ser a base de um livro de grande repercussão – *Os partidos e as eleições no Brasil* –, organizado por Fernando Henrique e por mim e rapidamente publicado pela Editora Paz e Terra; em 15 de janeiro de 1975, exatos dois meses após a eleição, esse trabalho começava a chegar às livrarias e a ser resenhado nos jornais e revistas. Para isso, foi decisivo o envolvimento de outros colegas, não só de São Paulo, mas também de outros estados, como relato na nota abaixo. Com sua formação sólida e abrangente, Fernando Henrique participava de praticamente todos os projetos do Cebrap, mas minha interação com ele se dava sobretudo na área dos estudos políticos. Sua contribuição ao livro mencionado foi uma substancial análise histórica dos partidos no estado de São Paulo.[26]

Naquela época, Fernando Henrique cogitava levar a cabo um grande projeto de pesquisa intitulado *Grande indústria e favela*, um contraponto a *Casa-grande & senzala*, de Gilberto Freyre. Não teve condições de realizá-lo, suponho que em razão de sua entrada para a carreira política eletiva; candidatou-se ao Senado já em 1978, na suplência de Franco Montoro. Com a pesquisa que vinha delineando, teríamos tido um retrato preditivo da gigantesca mudança em curso na estrutura social brasileira, que trouxe benefícios, sem dúvida, mas que foi também a origem de uma grande parte dos megaproblemas que o Brasil enfrenta atualmente.

O "sufoco" a que me referi no título deste capítulo deve ser entendido com certa cautela. Como em geral acontece em regimes autoritários, o governo pode contar com um forte apoio da sociedade, pelo menos enquanto os benefícios econômicos sejam palpáveis e as demais alternativas políticas pareçam pouco persuasivas para a maioria do eleitorado. Isso aconteceu até no Chile de Pinochet, um regime muito mais

---

26 Além das contribuições mencionadas, o livro incluiu os seguintes textos: "O balanço da campanha", Carlos Estevam Martins; "As eleições de 1974 no estado de São Paulo: uma análise das variações inter-regionais", de Vilmar E. Faria; e "1974: enxada e voto", de Verena Martinez-Alier e Armando Boito Júnior.

repressivo que o brasileiro de 1964-85. No Brasil, 1 milhão, se tanto, percebiam o país como uma grande prisão repressiva; os restantes 149 milhões apoiavam o governo, ou tocavam sua vida sem problematizá-lo, indiferentes ao debate político. Só a ínfima minoria que tentava combater o regime sofreu diretamente o peso da repressão e, como soe acontecer em tais casos, descreveu o quadro da época em cores fortes, típicas de pequenos grupos infinitamente mais envolvidos na luta que a média da população. Essa linha de raciocínio foi a premissa principal de vários estudos que publiquei sobre a época, interpretando a paulatina debilitação do regime como uma "abertura pela via eleitoral" – em parte decorrente, como é óbvio, do colapso do modelo de crescimento adotado pelo governo Geisel, baseado em doses maciças de importação de petróleo e num megaendividamento em dólar.

Quanto ao impacto das eleições de 1974 no processo político do regime militar, não há margem para dúvida. Quem esperava uma vitória fácil da Aliança Renovadora Nacional (Arena, o partido do governo) viu um formidável avanço do MDB (a frente de oposição). No Senado, o MDB conquistou 18 das 22 cadeiras em disputa, resultado que conferiu à votação daquele ano o caráter indiscutível de um divisor de águas, servindo como marco inicial do processo de redemocratização que se iria concluir em 1985. Em retrospecto, penso que os estudos referidos assumiram dois importantes significados dentro do quadro político da época. Aos setores radicais da oposição, os resultados globais da eleição e, especialmente, os referentes às grandes cidades mostraram a viabilidade da via eleitoral, servindo, pois, como um dissuasor adicional da luta armada. Ao governo, eles indicaram com clareza que o mundo oficial de Brasília e a corporação militar haviam entrado em descompasso com a sociedade, não percebendo o fosso que fatalmente haveria de se alargar nos pleitos seguintes.

A Associação Internacional de Ciência Política (AICP) realiza a cada três anos seu congresso mundial. O de 1979 foi sediado em Moscou, um desafio e tanto, dado o caráter pluralista da entidade e o número de questões controversas que compõem a agenda de tais reuniões. Simon

Schwartzman e eu fomos convidados a organizar uma mesa relativamente anódina – aspectos comparativos do desenvolvimento da ciência política em diversos países –, ele como moderador e eu como autor e relator do texto-base. No fim, ele não pôde comparecer, e assim a sessão ficou a meu cargo. Lembro-me de uma indagação que não me saía da cabeça durante o voo de Paris a Moscou: iria eu perceber os aspectos policialescos do regime soviético, ou seriam eles acessíveis apenas ao olhar treinado de jornalistas e outros profissionais familiarizados com o país? É mister observar que, àquela época, muito poucos brasileiros viajavam à União Soviética, e que a literatura especializada explorava a hipótese de que o totalitarismo se abrandara. Retornando a São Paulo, convidado por um grupo de amigos da USP a relatar minha experiência, comecei mencionando a indagação que me fizera no trajeto Paris-Moscou e antecipei minha resposta: "Bastaram-me quinze minutos para perceber que se tratava de um Estado policial". Esse introito levou diversos amigos a se afastarem de mim nos anos seguintes, mas nunca encontrei alguém que dele discordasse. Na chegada ao aeroporto e no trajeto para o hotel, nas caminhadas que fiz pela cidade e no próprio congresso da AICP, não tive dúvidas de que a vigilância era onipresente. Certos aspectos amiúde citados no Ocidente – e comuns a todo o Leste socialista – chegavam às raias do surrealismo. Ao sair do hotel, em cinco minutos me vi cercado por jovens interessados em comprar meu casaco de couro, perguntando se eu trouxera discos de jazz e, o mais chocante, querendo alugar meu passaporte por algumas horas para poderem entrar nas lojas Berioska, reservadas a estrangeiros! Essa devia ser uma das razões – não a mais importante – de o hotel reter os passaportes dos hóspedes, forçando os que quisessem circular pela cidade a fazê-lo sem documentos. Mas tudo isso, àquela altura, já pertencia ao domínio do folclore. Tampouco é o caso de relembrar o que se passava em certos restaurantes, quando potenciais clientes batiam à porta, pediam uma mesa e eram informados de que o estabelecimento estava reservado para oficiais militares. Para quatro ou cinco deles, como era possível observar pela vidraça. Voltemos, pois, ao congresso, pois preciso relatar o que se passou na sessão que Simon

Schwartzman e eu tivéramos a incumbência de organizar. A sala ainda estava pela metade quando cheguei, mas um fato chamou-me a atenção. Antes mesmo de tomar meu lugar à mesa, uma fila já se formara ao microfone. Tamanho interesse me surpreendeu... Dez ou doze cavalheiros já se haviam posicionado para fazer perguntas sobre a exposição que eu ainda nem iniciara. Concluída esta, aí sim, entendi do que se tratava: os referidos cavalheiros eram todos integrantes de PCs de diferentes repúblicas, e ali estavam com a evidente missão de impedir qualquer debate.

12. TEMPOS DE MADUREZA

Na virada dos anos 1970 para os 1980, senti necessidade de reorganizar minha vida profissional. Meus estudos eleitorais e a observação das tensões políticas e econômicas que continuamente emergiam durante o governo de João Figueiredo (1979-85) haviam me convencido de que o regime militar estava nos estertores. A hora da redemocratização se aproximava. Não haveria outro general presidente e nem me parecia certo que as Forças Armadas conseguissem emplacar um nome civil de sua confiança no vindouro embate sucessório, via Colégio Eleitoral.

Afastei-me, pois, do Cebrap e fundei o Instituto de Estudos Econômicos, Sociais e Políticos de São Paulo (Idesp), pensando numa agenda de estudos mais estritamente focalizada nos aspectos institucionais da redemocratização.[27] Uma vez resolvido o problema dos registros burocráticos e levantada, mediante contribuições dos membros, uma quantia para as despesas básicas, instalamo-nos numa pequena casa na rua Franco da Rocha, em Perdizes. Poucos meses depois, recebemos a visita de agentes da AC (Agência Central, presumo) do Serviço Nacio-

---

27   Entre pesquisadores e conselheiros, o grupo inicial do Idesp era formado por mim e por Acácio D'Ângelo Werneck, Alkimar Ribeiro Moura, Bento Prado de Almeida Ferraz Júnior, Betty Mindlin Lafer, Carlos Osmar Bertero, Carmem Sylvia Junqueira de Barros Lima, Celso Lafer, Eduardo Kugelmas, Eugenio Augusto Franco Montoro, Henrique Theodore Bloch, Horácio A. R de Souza, John Manuel de Souza, Leôncio Martins Rodrigues, Maria do Carmo Carvalho Campello de Souza, Maria Silvia Elias Lauandos, Maria Tereza Sadek Ribeiro de Souza, Mário Miranda Filho, Mauricio Eduardo Guimarães Cadaval, Plínio Augusto de Souza Dentzien, Sergio Miceli Pessôa de Barros e Tércio Sampaio Ferraz Júnior. Claro, não era um grupo homogêneo: Acácio Werneck, Alkimar Moura e Carlos Osmar Bertero tinham perfil mais técnico; Sergio Miceli interessava-se por uma sociologia da cultura e das artes e pela história das ciências sociais no Brasil; Maria Tereza Sadek viria a ser uma distinguida estudiosa do sistema de justiça; Maria do Carmo Campello de Souza e eu nos concentrávamos no estudo das instituições políticas.

nal de Informações (SNI) em São Paulo, interessados em conhecer a composição e os objetivos do instituto. Datado de 15 de fevereiro de 1982, o relatório dessa visita dizia o seguinte:

> 1) O Instituto de Estudos Econômicos, Sociais e Políticos de São Paulo (Idesp) concentra suas atividades no estudo de temas macroeconômicos e políticos, além de análises de problemas urbanos e assuntos culturais.
> 2) Em seu quadro de pesquisadores, o Idesp conta com elementos ligados à (sic) Universidades, alguns dos quais oriundos do Centro Brasileiro de Análise e Planejamento (Cebrap). Vários de seus pesquisadores se caracterizam por suas críticas sistemáticas ao Governo Federal. Há que se salientar, ainda, a existência, nesta AC, de registros desabonadores, referentes a alguns destes pesquisadores, tais como envolvimento com organizações subversivas, ex-cassados, presos à disposição da Justiça, etc.
> 3) **Tendo em vista a posição de contestação ao regime e a tendência ideológica esquerdista de seus componentes, esta AC julga desaconselhável a contratação ou a utilização dos serviços oferecidos pelo Idesp, bem como a concessão de financiamento, auxílio financeiro e/ou intercâmbio de informações** (grifo meu).

Embora o processo de abertura política estivesse ainda sujeito a idas e vindas e o clima geral permanecesse ambíguo, para dizer o mínimo – bastando lembrar o atentado a bomba na OAB do Rio de Janeiro e a tentativa de atentado durante um espetáculo artístico no Rio-Centro, ambos ocorridos em 1981 –, essa visita do SNI foi, felizmente, meu último contato pessoal com os organismos repressivos do regime de 1964. Aumentaram, em compensação, as oportunidades de interação e arejamento intelectual. Logo no primeiro semestre, graças aos bons ofícios de José Guilherme Merquior, um dos grandes pensadores liberais de nossa história recente, tivemos um seminário com Ernest Gellner, eminente professor da London School of Economics, cuja obra começava a ser divulgada no Brasil. A Fundação Ford não nos faltou com seu apoio. Já em 1982, sob seus auspícios, organizamos um seminário internacional sobre os rumos da ciência política, com a participação de *scholars* do calibre de Adam Przeworski, David Easton e Arend Lijphart, e, pela primeira vez em nosso campo de trabalho, de dois representantes do pensamento independente de Portugal, Manuel Villaverde Cabral e Luís Salgado de Matos. Os resultados dessa reunião foram por mim editados no ano seguinte num livro intitulado *A ciência política nos anos 80*, publicado pela Editora UnB.[28]

Creio oportuno registrar que, até aquela altura, eu tivera apenas um convite para integrar a equipe de uma universidade pública. Por volta de 1978, o reitor da UnB, José Carlos de Almeida Azevedo, proveniente dos quadros da Marinha e considerado de direita, a quem muitos intelectuais se referiam jocosamente como "capitão de mar e guerra", convidou-me a visitá-lo em Brasília e ofereceu-me a posição de diretor do Departamento de Ciência Política, com toda a autonomia inerente à função. Declinei do convite, mas guardei na memória o episódio, uma vez que outras manifestações nesse sentido só começaram a surgir anos mais tarde, já quase na metade da década de 1980. Em 1983, aceitei integrar o corpo docente da Universidade de São Paulo na área de Ciência Política. Para ser contratado como doutor – nível exigido para lecionar na pós-graduação –, cumpria-me preencher dois requisitos. O primeiro, perfeitamente normal, era obter das instâncias apropriadas da USP a equiparação de meu diploma de ph.D. expedido pela UCLA ao doutorado brasileiro; o segundo, cursar a disciplina Estudos Brasileiros. O reconhecimento de meu doutorado americano foi concluído a 2 de dezembro de 1985, quase dois anos após minha contratação, mas, enfim, concretizou-se. A segunda exigência era um

---

[28] O livro reuniu as contribuições de todos os participantes do seminário: as minhas e as de Adam Przeworski, Antônio Octávio Cintra, Arend Lijphart, Aurora Loyo, Bernardo Sorj, Celso Lafer, David Easton, Eduardo Viola, Fábio Wanderley Reis, Fernando Uricoechea, Gianfranco Pasquino, Jean Leca, José Guilherme Merquior, Luís Salgado de Matos, Manuel Antonio Garretón, Manuel Mora y Araujo, Manuel Villaverde Cabral, Maria Tereza Sadek Ribeiro de Souza, Pedro Malan, Plínio Dentzien, Rafael López Pintor, Simon Schwartzman e Wanderley Guilherme dos Santos.

autêntico *catch-22*, pois eu devia demonstrar proficiência numa disciplina que teria eventualmente a incumbência de ministrar. Acresce que, a essa altura, eu fora nomeado pelo presidente José Sarney para fazer parte da Comissão Provisória de Estudos Constitucionais, incumbida de elaborar um anteprojeto de Constituição, função essa que me obrigaria a viajar com frequência ao Rio de Janeiro e a Brasília. Aliados a essa circunstância, os pequenos entraves burocráticos referidos levaram-me a optar pelo desligamento da universidade e, consequentemente, a renunciar ao que poderia ainda aspirar em termos de vida acadêmica.

O ano de 1984 foi, como se recorda, marcante no processo de redemocratização do país e, por que não o dizer, de toda a história política brasileira. Passo a passo, os pleitos eleitorais que se sucederam desde 1974 apontavam uma paulatina perda de controle do Colégio Eleitoral pelo regime militar, ou seja, um estreitamento de sua margem de manobra no tocante à sucessão presidencial. A legitimidade daquele método era claramente decrescente, tendência essa que se acentuou em razão dos abalos sofridos pelo país na esfera econômica, consequência do modelo de crescimento então prevalecente, baseado na importação de quantidades substanciais de petróleo e em empréstimos externos de grande vulto. Esses dois pilares foram atingidos com violência pelas crises de 1979, tornando meridianamente claro que o próprio modelo se esgotara. Naquele contexto, as autoridades governamentais recorreram a diversos expedientes políticos (anistia, reforma partidária e adiamento de eleições municipais, entre outros) com o intuito de preservar seu domínio sobre a agenda política, mas vários fatos atuavam no sentido contrário, inviabilizando tal estratégia. Divisões graves despontavam entre os próprios comandantes militares, bastando lembrar, a respeito, a demissão do general Sylvio Frota pelo presidente Ernesto Geisel, efetivada em 1977, e a tentativa do general Euler Bentes Ribeiro de se contrapor como candidato ao ungido pelo Planalto, o general João Figueiredo.

Esse foi o pano de fundo contra o qual se destacou a campanha das Diretas Já, a maior mobilização de massas registrada em nossa história.

Vista por seu valor de face, a reivindicação levada às ruas era relativamente moderada; o que se demandava era o retorno ao método direto de escolha na eleição do sucessor do general Figueiredo. Mas o governo não tinha como subestimar o abalo sísmico subjacente. Primeiro, pela enorme adesão de lideranças do meio político e de todos os setores sociais. Segundo, porque o movimento contava com o apoio ostensivo dos líderes de oposição eleitos dois anos antes para os governos dos três principais estados (Montoro em São Paulo, Leonel Brizola no Rio de Janeiro e Tancredo Neves em Minas Gerais). Esse fato, lembrando aqui uma feliz expressão do cientista político Juan Linz, tornara a estrutura nacional de poder "aproximadamente diárquica", uma vez que agora a oposição (e consequentemente a campanha das Diretas Já) passara a contar com o forte respaldo consubstanciado nos três referidos estados. No Congresso Nacional, na votação realizada a 25 de abril de 1984, a maioria governista ainda conseguiu derrotar a emenda constitucional que levava o nome de seu proponente, o deputado Dante de Oliveira, do Partido do Movimento Democrático Brasileiro (PMDB) de Mato Grosso, mas, para a sucessão presidencial a realizar-se em 15 de janeiro de 1985, poucos acreditavam que o candidato governista Paulo Maluf pudesse levar a melhor sobre o oposicionista Tancredo Neves. A poucas semanas do confronto no Colégio Eleitoral, à medida que a vitória de Tancredo Neves sobre Paulo Maluf afigurava-se como um fato consumado, crescia em igual proporção a certeza de que Tancredo conferiria poderes constituintes ao Congresso Nacional a ser eleito em outubro de 1986 e que, antes disso, atribuiria a uma "comissão de notáveis" a tarefa de elaborar um anteprojeto de Constituição.[29]

A ideia da comissão surgira de entendimentos mantidos por Tancredo com o jurista Afonso Arinos, daí ter ela se tornado conhecida como Comissão Afonso Arinos. Sabe-se que Tancredo pretendia fazer referência à comissão já em seu discurso de posse. Apesar de seu falecimento, em 21 de abril de 1985, a ideia da comissão não o acompanhou ao túmulo.

---

[29] Um relato mais completo deveria inserir aqui uma referência substanciosa à campanha das Diretas Já, de 1984.

Comissão Afonso Arinos: foto oficial, no Palácio do Planalto.

Empossado na Presidência, o vice, José Sarney, com certeza teria preferido enterrá-la, mas deve ter-se sentido sem força para tanto. Tomou todo o cuidado possível para não melindrar os futuros constituintes, a começar pelo nome que lhe deu: oficialmente, seria designada como Comissão Provisória de Estudos Constitucionais. Mais anódino, impossível. Ao instalá-la, em 3 de setembro de 1985, Sarney fez um breve pronunciamento, que começava assim: "[Os integrantes da comissão] não se reunirão para ditar aos constituintes que textos devem aprovar ou não. Eles irão reunir-se para ouvir a Nação, discutir com o povo as suas aspirações, estimular a participação da cidadania no processo de discussão da natureza e fins do Estado, e estimulá-la a escolher bem os delegados constituintes".

Pelo que se comentava à época, Tancredo concebera uma comissão de quinze membros, alguns a mais ou a menos. Nos meses que se seguiram, a lista de candidatos a "notáveis" teria chegado a várias centenas, acomodando-se em cinquenta quando Sarney finalmente a nomeou, em agosto, sendo eu um dos honrados com a escolha para integrá-la.[30] Concentrei-me nas matérias político-institucionais, colaborando com Hélio Jaguaribe, Miguel Reale (pai) e Miguel Reale Júnior na elaboração de uma proposta semiparlamentarista (ou semipresidencialista, conforme se queira). Entre as propostas que elaborei individualmente, sugeri e obtive a aprovação da comissão para alterações na composição da Câmara dos Deputados que a teriam estabilizado em cerca de 420 cadeiras e uma versão do modelo alemão de sistema eleitoral, que no Brasil é impropriamente designado como "voto distrital misto". Trabalhando du-

---

30 Além de mim, faziam parte do grupo de cinquenta nomeados Afonso Arinos, Alberto Venancio Filho, Antônio Ermírio de Moraes, Barbosa Lima Sobrinho, Cândido Mendes, Célio Borja, Celso Furtado, Cláudio Pacheco, Cláudio Lacombe, Clóvis Ferro Costa, Cristovam Buarque, Edgar de Godoi da Mata Machado, Eduardo Mattos Portella, Evaristo de Moraes Filho, Fajardo José Pereira Faria, padre Fernando Bastos de Ávila, Florisa Verucci, Gilberto de Ulhôa Canto, Gilberto Freyre, reverendo Guilhermino Cunha, Hélio Jaguaribe, Helio Santos, Hilton Ribeiro da Rocha, João Pedro Gouvêa Vieira, Joaquim Falcão, Jorge Amado, Josaphat Ramos Marinho, José Afonso da Silva, José Alberto de Assumpção, José Francisco da Silva, José Meira, Laerte Ramos Vieira, Luís Eulálio de Bueno Vidigal Filho, Luiz Pinto Ferreira, Mário de Sousa Martins, Mauro Santayana, Miguel Reale, Miguel Reale Júnior, Ney Prado, Odilon Ribeiro Coutinho, Orlando M. de Carvalho, Paulo Brossard, Raphael de Almeida Magalhães, Raul Machado Horta, Rosah Russomano, Saulo Ramos, Sepúlveda Pertence, Sérgio Franklin Quintella e Walter Barelli.

rante um ano, a comissão fez 103 reuniões até 18 de setembro de 1986, quando se realizou a cerimônia da entrega do anteprojeto ao presidente da República. Enquanto o ato da entrega se realizava no quarto andar do Palácio do Planalto, a imprensa recebia no andar inferior a informação de que Sarney não faria a remessa oficial do estudo ao Congresso Nacional. À época, Sarney declarou que não fez a remessa para evitar uma crise, uma vez que Ulysses Guimarães, presidente do Congresso, teria dito que o devolveria caso o recebesse.

Nas semanas seguintes, angustiado com a má qualidade do que lia e ouvia na mídia a respeito da futura Constituição, tentei viabilizar na correria uma candidatura à Câmara Federal. Puro quixotismo, é óbvio. Concorrendo pelo Partido Socialista Brasileiro (PSB), tive a satisfação de ter sido votado em 244 municípios, mas meu total de votos foi irrisório, o mesmo acontecendo com a sigla, que não elegeu nenhum deputado. Concorrendo pelo PMDB, é possível que tivesse sido eleito, mas eu não queria proximidade com o governador Orestes Quércia, chefe do partido em São Paulo. Filiei-me, então, ao PSB, liderado por Rogê Ferreira, que gozava de boa reputação. O que não percebi foi que Rogê era bem próximo de Quércia. Derrotado para deputado federal, foi logo nomeado para a presidência da Sabesp, a companhia estatal do saneamento. A campanha reforçou enormemente as críticas ao sistema partidário que eu fizera no ano anterior, num texto preparado para a Comissão Afonso Arinos. As chances de vitória de um candidato como eu, sem dinheiro e não integrado a nenhuma organização forte, eram próximas de zero. Os debates – muitos – a que compareci, tanto na capital como no interior, eram invariavelmente pautados pela divisão entre esquerda e direita, e o PSB, é claro, era enquadrado como "esquerda". Assim, os contendores eram sempre do PT e dos partidos comunistas, e a discussão nunca se afastava das posições do chamado "campo popular". Falávamos de tudo, menos de Constituição. Mencionei a força teoricamente superior dos candidatos ligados a organizações, mas vale a pena lembrar que nem Francisco Weffort, à época secretário-geral do PT, conseguiu se eleger. Sua votação foi quase tão modesta quanto a minha.

Valdinho, meu irmão mais velho, e Ana, minha mãe, morreram em 1985 e 1986, respectivamente. Minha mãe perdera toda a visão em seus últimos anos de vida. Para distraí-la, minha irmã Lourdinha propôs escreverem juntas um livro sobre os filhos. E assim compuseram *Onze pássaros azuis*, um opúsculo de trinta páginas no qual compararam os traços característicos de cada filho aos de algum pássaro. Eu, por estar "permanentemente voando", fui comparado a uma gaivota: "Está sempre nas alturas; tranquilo, indiferente aos preconceitos e convenções sociais, discorre sobre teorias políticas e sobre elas escreve". Depois de falar um pouco sobre minha carreira, ela observou que eu nascera quando ela tinha 26 anos de casada com meu pai, Levindo.[31]

No que tange à minha produção intelectual, não posso deixar de registrar aqui o convite que me fizeram Larry Diamond, Jonathan Hartlyn, Juan J. Linz e Seymour Martin Lipset para participar de uma obra coletiva sobre a democracia nos países em desenvolvimento. Seriam três volumes separados por continente – América Latina, África e Ásia – e um volume com contribuições selecionadas, oferecendo uma visão de conjunto dos temas tratados. Pelo que me consta, a obra teve uma importante repercussão didática, sendo adotada em cursos de graduação e pós-graduação em numerosas universidades. Meu trabalho saiu com o título "A desigualdade contra a democracia", que infelizmente me soa muito atual.

Minha vida profissional permitiu-me conhecer uma boa parte do mundo – um privilégio –, mas vale a pena ressaltar que uma viagem ao exterior, até cerca de trinta anos atrás, não era uma coisa banal como é hoje. Começa que a excelsa instituição do cartão de crédito ainda não

---

31 E prosseguiu: "Recordo-me de tantos fatos! Uma das coisas mais engraçadinhas foi sua atuação em uma festa [referência à festa de formatura do curso primário, na Escola Normal de Dores do Indaiá]. Ele apresentou um monólogo, representando um caixeiro-viajante turco. A plateia estourava de rir quando ele apresentava os produtos com sotaque estrangeiro: 'Vendo barato, minhas senhoras. Tenho meias para senhoras de seda; pentes para cabelo de osso'". Minha mãe era a doçura em pessoa, mas ao aproximar-se o 10 de agosto, dia de seu aniversário, ela expediu uma "ordem". Ia autografar seu livro e exigia a presença de todos os filhos, com os respectivos cônjuges, e sobrinhos. Lá estávamos todos, claro, cada um chorando baixinho ao sentir a espessura da tristeza que pairava no ar. A tarde de autógrafos foi sua despedida. Morreu poucas semanas depois.

havia chegado ao Brasil. Nesse aspecto, nós, brasileiros, éramos decididamente subcidadãos. O câmbio era controlado com rigor e as despesas feitas no exterior tinham de ser pagas em dinheiro vivo. O jeito, para quem dispunha de meios, era comprar dólares no câmbio negro e levar uma quantidade maior que a permitida escondida na roupa. Houve um período em que a própria quantia oficialmente permitida de mil dólares era paga em duas etapas, metade aqui e metade por meio de algum banco no país de destino. Em janeiro de 1982, um ano após a fundação do Idesp, obtive da Fundação de Amparo à Pesquisa do Estado de São Paulo (Fapesp) uma verba de viagem. Minha intenção era prospectar possibilidades de financiamento para nossos projetos em fundações que atuavam na área das ciências humanas. Adianto que foi uma boa ideia, pois consegui apoio da Fundação Tinker, sediada em Nova York, e fiz contatos importantes em diversos centros de pesquisa da Europa. Volto, porém, ao assunto. Consciente de que tão cedo não teria outra oportunidade desse tipo, planejei visitar oito países em 22 dias: Estados Unidos, Inglaterra, Suécia, Alemanha, Holanda, França, Espanha e Portugal. A primeira parcela de quinhentos dólares foi-me paga na saída, conforme expliquei anteriormente; a segunda eu iria receber na Alemanha. O leitor pode imaginar alguns dos apertos por que passei, mas o pior deles foi justamente em Frankfurt. A ordem de pagamento que me foi entregue pelo Banco do Brasil continha um endereço em Frankfurt, onde o banco designado, o Commerzbank, não possuía uma agência. Seriam três ou quatro da tarde, não me lembro bem. Conhecendo meia dúzia de palavras em alemão, saí pela rua pedindo informações a várias pessoas, muitas das quais conheceriam talvez uma dúzia e meia de palavras em inglês. Por fim, um lance de sorte. Um senhor leu atentamente a ordem bancária e me disse: "O problema é que este endereço não é em Frankfurt, é em Colônia. É uma curta viagem de trem; se andar rápido, você chegará lá antes que o banco feche". No final deu tudo certo, mas o leitor pode imaginar a angústia que vivi naquele escuro fim de tarde, em pleno inverno alemão.

Mas as restrições cambiais e a necessidade de tudo pagar em dinheiro vivo não eram os únicos obstáculos que o viajante era obrigado a superar. Situações embaraçosas espreitavam-no em cada etapa. Ao planejar a viagem, tínhamos de fazer as reservas de hotel sem acesso sequer a uma reles máquina de fax, que dirá à internet. A solução era escrever aos hotéis, que nem sempre respondiam informando se havia ou não disponibilidade, e mesmo quando o faziam, raramente enviavam explicações detalhadas ou fotos indicando a qualidade do serviço. Cito só um caso para ilustrar esse ponto. Em agosto de 1987, casei-me com a psicóloga Maria Eugênia Roxo Nobre, uma paulistana nascida no Pacaembu. Permitimo-nos uma viagem pela Áustria e pela Itália, países onde eu nunca havia estado. Deslumbramento total, *ça va sans dire*, mas não isento de episódios constrangedores. Vindo de trem de Salzburgo, chegamos a Viena lá pelas onze da noite, exaustos. Tomamos um táxi e nos dirigimos ao hotel que havíamos reservado, mas, ao lá chegar, observando a movimentação de pessoas na portaria, dez minutos foram suficientes para concluirmos que se tratava de um estabelecimento de alta rotatividade. Ficamos extremamente irritados e com medo, mas fazer o quê, àquela hora da noite? Procurar outro hotel? Decidimos ficar até a manhã seguinte. Empurramos um grande armário para reforçar a porta do quarto e dormimos. Logo cedo, quando fomos à recepção acertar a conta, um atendente mal-humorado ensaiou uma reprimenda, frisando que havíamos feito uma reserva para três dias. De fato, respondi, nossa reserva era para três dias, mas fizemo-la imaginando tratar-se de um hotel, não de um bordel.

Dois anos depois, 1989, tive a honra de ser convidado a ministrar uma palestra durante as solenidades comemorativas do 900º aniversário de fundação da Universidade de Bolonha, a mais antiga da Europa. O clima era de encantamento, tal a beleza da cidade, da universidade e das cerimônias. O homenageado principal do evento era Raúl Alfonsín, presidente da República Argentina, escolhido pelo papel decisivo que tivera na redemocratização de seu país, processo que repercutiu em toda a América Latina, notadamente no Brasil e no Chile, que também passaram por longos regimes de exceção. Como latino-americano, enchi-me de orgulho por estar presente naquela ocasião.

Casamento com Maria Eugênia Roxo Nobre em agosto de 1987.

> La S.V. è invitata all'incontro con Raul Alfonsin,
> Presidente della Repubblica Argentina, in visita a Bologna
> in occasione delle celebrazioni del IX Centenario dell'Ateneo
> Mercoledì 23 novembre, ore 12
> Sala del consiglio Comunale di Palazzo d'Accursio
>
> Renzo Imbeni Giuseppe Petruzzelli Luciano Guerzoni Giovanni Piepoli
> Sindaco di Bologna Presidente dell'amministrazione provinciale Presidente della giunta regionale Presidente del consiglio regionale

Participação nas solenidades comemorativas do 900º aniversário da Universidade de Bolonha e na homenagem ao presidente argentino Raúl Alfonsín por seu papel na redemocratização de seu país.

Em 1989, o Brasil deixou-se levar por um sentimento francamente messiânico de que "agora" as coisas iriam entrar nos eixos, pois, finalmente, decorridos 29 anos, o presidente da República seria escolhido em eleição direta. É lógico que o evento mereceria ser celebrado com toda a alegria possível, mas o retrospecto é surpreendente: como puderam tantas pessoas, inclusive muitos dos principais analistas econômicos e políticos do país, subestimar os desafios que teríamos pela frente, fosse quem fosse o eleito? Não tenho dúvida de que aquela expectativa exagerada se devia, em parte, à nossa fidelidade à tradição de pensamento político que deriva de Jean-Jacques Rousseau, ou seja, a uma vasta superestimação do efeito legitimador do pronunciamento de todo o eleitorado nacional. Duas dezenas de líderes políticos entrariam na disputa, o que supostamente emprestaria uma autoridade inquestionável aos procedimentos e aos resultados da eleição. Em parte, justiça se faça, a expectativa exagerada devia-se também ao fato de termos concluído e promulgado no ano anterior a Constituição de 1988, marcando o fim da transição dentro de um clima de absoluta normalidade.

É importante lembrar que em 1989 tivemos apenas a eleição presidencial, ou seja, uma eleição "solteira", não coincidente com as eleições legislativas federais e estaduais e de governadores. Nós, ligados ou próximos ao recém-criado Partido da Social Democracia Brasileira (PSDB), estávamos muito confiantes na vitória de Mário Covas, nosso candidato "natural". Tanto estávamos que nos envolvemos bastante na formulação do eventual programa de governo, inclusive numa reunião em Paris, à qual comparecemos Fernando Henrique, Vilmar Faria, José Roberto Mendonça de Barros, José Arthur Giannotti e outros, com o objetivo de trocar ideias com numerosos luminares acadêmicos e políticos europeus. Entre parênteses: a reunião foi produtiva e prazerosa, mas minha bagagem se extraviou, naquela época o comércio não abria aos domingos e assim eu tive de aguentar o tórrido verão de julho com o terno que usara na viagem. Mas isso foi o de menos. Ruins foram o desenrolar da campanha e os resultados da eleição. A campanha foi liderada de ponta a ponta por Fernando Collor de Mello, o ex-governador de Alagoas, com sua demagogia de uma nota só: a "caça aos marajás", ou seja, combate aos altos salários no serviço público. Em segundo lugar, passando ao segundo turno, veio Lula, que sobrepujou Leonel Brizola por pouco mais de meio ponto percentual (16,08% contra 15,45%). Covas ficou fora, amargando o quarto lugar, com apenas 10,8% dos votos. Os resultados gerais da eleição, que teve 22 concorrentes, foram um péssimo augúrio. Líderes que haviam desempenhado um papel-chave na transição foram esmagados pelo populismo dos três primeiros (Collor, Lula e Brizola); no cômputo final, Ulysses Guimarães e Aureliano Chaves obtiveram 4,43% e 0,83%, respectivamente. Não menos dramático, já servindo como premonição da crise que cedo ou tarde e de uma forma ou de outra haveria de eclodir, era o percentual de assentos do Partido da Reconstrução Nacional (PRN), partido de Fernando Collor, na Câmara Federal: em julho, ou seja, a três meses da eleição presidencial, sua minúscula agremiação detinha 2,6% das cadeiras.

Passei o segundo semestre de 1990 na Alemanha, como pesquisador visitante na Universidade de Heidelberg. Essa oportunidade resultou de um honroso convite que me fez Dieter Nohlen, professor titular daquela notável universidade. Daquele ponto em diante, Dieter e eu nos tornamos amigos e trabalhamos juntos em muitos projetos. Aproveitei a ocasião para me concentrar no estudo dos sistemas de governo, dado ter a Constituição de 1988 estipulado em suas Disposições Transitórias a realização de um plebiscito sobre presidencialismo *versus* parlamentarismo, a realizar-se cinco anos depois, ou seja, em 1993.

Imediatamente ao voltar, vivi um dos dias mais tristes de minha vida, a morte do sobrinho Arnaldo. Desde que sua família voltou para Belo Horizonte, ele ficou vivendo comigo. Para mim, era um amigo e um filho. Graduado agrônomo pela Escola Superior de Agricultura "Luiz de Queiroz" (Esalq), começou a atuar profissionalmente, mas acabara de ficar noivo e projetava fazer pós-graduação em Irrigação em Wageningen, na Holanda. Logo após meu retorno da Alemanha, quando me preparava para dormir, recebi um telefonema de um delegado de polícia de Goiás. Era para me comunicar que Arnaldinho, já na estrada, pronto para regressar a São Paulo, batera de frente com um caminhão.

Participei ativamente na campanha pelo *impeachment* do presidente Fernando Collor, tendo inclusive redigido um manifesto e liderado a coleta de milhares de assinaturas para publicação no jornal *Folha de S.Paulo*. A crise decorrente do *impeachment* e os confusos meses iniciais do presidente Itamar Franco esvaziaram em grande parte o plebiscito sobre forma (monarquia ou república) e sistema (presidencialismo ou parlamentarismo) programado para 1993. Para piorar as coisas, a 12 de outubro de 1992, Ulysses Guimarães, à época o principal líder político do país, viria a falecer, com o ex-ministro Severo Gomes, num acidente aéreo. A campanha do plebiscito começava, portanto, sob um signo muito negativo.

Mas as circunstâncias imediatas não contam toda a história. Derrotada na Constituinte, a corrente parlamentarista aliou-se aos adeptos da monarquia a fim de adiar a decisão final sobre a matéria. Essa foi a origem da esdrúxula ideia inserida no artigo 2º das Disposições Transitórias da Constituição: a realização, após cinco anos, de um plebiscito simultâneo sobre as duas questões.[32] No Brasil, desde o Império, o sistema parlamentarista tem sido objeto de um candente debate nos meios políticos, jurídicos e intelectuais, mas o mesmo não pode ser dito sequer remotamente da proposta de restauração da monarquia, cujo artificialismo era flagrante. A combinação das duas matérias numa mesma consulta popular haveria fatalmente de debilitar tanto a causa parlamentarista como a legitimidade do próprio plebiscito.

A impropriedade do plebiscito para tentar decidir uma questão institucional de tal complexidade salta aos olhos. A impropriedade decorre de pelo menos três razões facilmente compreensíveis. Primeiro, o recurso ao plebiscito pressupõe que, em média, os cidadãos possuam um nível de informação absolutamente fora da realidade, isso não só no Brasil, mas em qualquer outro país que se queira tomar como exemplo. Segundo, porque toda consulta plebiscitária é dicotômica: o cidadão é convocado a responder "sim" ou "não" a uma indagação que não se deixa reduzir a esse formato. Como acontece em qualquer discussão institucional, o próprio sentido da proposição pode ser alterado ou distorcido por sua eventual conexão com proposições logicamente subordinadas. Por último, mas não menos importante, convocar às urnas todo o eleitorado nacional – e ainda por cima na vigência do voto obrigatório! –, com a imensa força (peço perdão pela redundância) plebiscitária que isso representa, confere ao resultado uma aura descabida de rigidez e irreversibilidade, dificultando a retomada da questão por muitos anos ou décadas.

Outro fator fundamental a considerar é a dubiedade dos próprios termos empregados. Sem contradizer minha avaliação de que, entre nós, o sistema de governo tem sido objeto de debate desde o século XIX, fato é que, atualmente, os parlamentaristas sinceros constituem uma pequena minoria do eleitorado, e até das elites do país. A maioria é constituída por adeptos do híbrido francês – um "semiparlamentarismo" ou "semipresidencialismo" – que de parlamentarismo tem muito pouco. É, na verdade,

---

32 Ato das Disposições Constitucionais Transitórias: Art. 2º – "No dia 7 de setembro de 1993 o eleitorado definirá, através de plebiscito, a forma (república ou monarquia constitucional) e o sistema de governo (parlamentarismo ou presidencialismo) que devem vigorar no país".

um sistema que pode alternar fases presidencialistas e fases parlamentaristas, dependendo da força relativa do presidente e do primeiro-ministro. Se entre ambos houver uma sólida convergência de pensamento, a alternação não produzirá efeitos deletérios, mas, se forem adversários, a convivência dos dois poderá se tornar perigosa. A diferença entre os dois modelos pode ser apreendida por meio de um exemplo singelo: na Alemanha, ninguém ignora o nome da pessoa que exerce a chefia do governo (no momento, a primeira-ministra Angela Merkel); na França, só uma meia dúzia sabe quem é o primeiro-ministro, e com toda razão, pois o nome que de fato importa é o do presidente da República (no momento, Emmanuel Macron). E, infelizmente, com as exceções de praxe, o que há por trás da francofilia dos nossos semipresidencialistas não é uma admiração pela pátria de Rabelais e Flaubert, mas um equívoco muito nosso, muito latino-americano: o velho engasgo com o populismo. O que atrai os devotos do modelo francês não são suas possíveis qualidades – a maioria não saberia enunciá-las! –, mas sim o alívio que ele lhes traz quanto a uma possível reprimenda popular nas urnas. Não querem ser vistos como quem traiu a sacrossanta figura do "chefe", do "condutor de massas", daquele que se apresenta como o único verdadeiramente capaz de conter o estouro da boiada, ou seja, a força centrífuga dos "interesses particularistas", inimigos da "unidade nacional". Com raras exceções, os admiradores do "semi" francês acreditam piamente que a concentração do poder Executivo nas mãos de um presidente eleito por maioria popular é condição necessária e suficiente para garantir governos "fortes". Perco amigos, mas não perco a piada. Por essa lógica, os governos de Sarney, Collor e Temer seriam incomparavelmente mais "fortes" que os de Angela Merkel, Helmut Kohl ou Margaret Thatcher.

O ponto-chave da questão é bem conhecido, mas não custa repeti-lo. O regime presidencialista baseia-se numa separação rígida entre o Executivo e o Legislativo. Nenhum dos dois dispõe de meios legítimos para interferir no outro a fim de resolver impasses ou apressar a aprovação de legislação urgente, salvo o nebuloso e sempre arriscado procedimento de *impeachment*. No sistema parlamentarista, dá-se o oposto. O chefe de governo (primeiro-ministro) que não disponha de apoio congressual para governar pode ser afastado a qualquer tempo, tenha ou não cometido crime de responsabilidade. E a recíproca é verdadeira. Um Legislativo que se recuse a colaborar com o Executivo, aprovando em tempo razoável medidas que o Executivo considere de alta relevância e urgência, pode ser dissolvido, providência que tem como corolário a imediata convocação de uma nova eleição parlamentar. O Executivo dispõe, portanto, de uma alavanca poderosa para resolver impasses, evitando que os congressistas transformem diferenças razoáveis de avaliação numa confrontação estéril: num desperdício de tempo que o país não pode tolerar.

Sou obrigado a confessar que me vejo em apuros sempre que a questão do "semiparlamentarismo" aflora no debate público. Não tive esse problema em 6 de janeiro de 1963, data do plebiscito previsto para 1965, antecipado por uma persistente pressão do presidente João Goulart. Naquele momento, toda a esquerda, todo o meio universitário e todo o movimento estudantil mobilizaram-se para devolver a Jango a "plenitude de seus poderes presidenciais". Jovem ainda, não tendo que enfrentar discussões acadêmicas acaloradas sobre essa questão, votei conforme me ordenava minha intuição. Votei pela continuidade do parlamentarismo, o que implicava esperar até 1965 para a realização do plebiscito, como estipulara o Ato Adicional de 1961. Em 1963, quando o "semi" francês mal completara cinco anos de vigência, no Brasil ele já produzira um belo estrago, uma vez que o deslumbramento de Jânio Quadros e de seus principais auxiliares pelo modelo instituído na França por De Gaulle contribuiu substancialmente para a renúncia de Jânio, desencadeando uma crise político-militar de suma gravidade.

Trinta anos mais tarde, em 1993, tive de enfrentar um exame de consciência doloroso. Acabei me engajando na "frente" e na "campanha" ditas parlamentaristas, mas tinha consciência de o fazer com base num autoengano. Adotei para meu consumo próprio a hipótese de que a vitória do "semi" seria um passo importante na direção de um parlamentarismo de verdade. O que posso dizer em minha defesa é que não cederia (cederei) novamente a tal ilusão.

Retomo aqui minha narrativa a partir do *impeachment* de Fernando Collor de Mello. Os fatos subsequentes estão vivos na memória de todos. Depois de um período inicial desencontrado, o presidente Itamar Franco acertou em cheio ao deslocar Fernando Henrique Cardoso do Ministério das Relações Exteriores para o da Fazenda, deflagrando, assim, as ações de estabilização da economia que se tornariam conhecidas como Plano Real. Antes mesmo da entrada em vigor da nova moeda – o Real –, Fernando Henrique já se destacava claramente como o único candidato capaz de bater Lula na contenda presidencial, assegurando, dessa forma, a passagem da estabilização propriamente dita ao ambicioso programa de reformas estruturais de que o país precisava – e continua a precisar.

Mas o lançamento formal da candidatura não era tão simples como mais tarde se veio a crer. Para concorrer numa posição de vantagem, com reais chances de êxito, e formar uma base adequada no Congresso, era imperativo o PSDB aliar-se ao Partido da Frente Liberal (PFL), intenção que encontrava forte resistência no tucanato, sendo tal dificuldade ainda maior nos meios culturais. Junto a estes, em particular, era preciso encetar um trabalho de mobilização e convencimento; esse foi o pedido que Fernando Henrique fez a mim e a um pequeno grupo de intelectuais. É útil lembrar que a era da internet e do computador pessoal mal se iniciava, portanto o instrumento para tal ação só poderia ser a velha e boa máquina de fax. Para encurtar a história, a tarefa caiu inteiramente no meu colo; assumi-a sozinho, comunicando-me com intelectuais e artistas de todo o país ao mesmo tempo que contemplava a montanha de papel de fax que diariamente se formava em meu escritório.[33] Um trabalhinho de nada se comparado aos feitos do governo Fernando Henrique, a começar pela estabilização da economia, a reforma do Estado e a reestruturação do sistema financeiro.

---

33   Esse período marca também minha crescente dedicação ao ofício de consultor empresarial, a princípio, individualmente, e depois, de 1995 a 2000, como sócio da MCM Consultores, em substituição a Maílson da Nóbrega, que se desligara da sociedade para formar uma nova consultoria, a Tendências.

Palestrando na Fundação Fernando Henrique Cardoso em abril de 2013.

Deu-me especial prazer uma viagem que fiz a Moçambique em março de 1994, a pedido do Ministério das Relações Exteriores. Finda a guerra anticolonial, o país se preparava para estabelecer um regime democrático. Os líderes locais estavam organizando um seminário para discutir questões de organização eleitoral, estruturação dos partidos, direito de voto e por aí afora. Gostariam de contar com a participação de alguns especialistas estrangeiros, um dos quais, já confirmado, seria o português Álvaro de Vasconcelos. No meu caso, o portador do convite, se bem me lembro, foi o embaixador Gelson Fonseca, que nos anos seguintes eu teria a sorte de ter como um grande amigo. Perguntei-lhe como é que se fazia para ir a Moçambique, e foi aí que veio o pulo do gato. Meticuloso, explicou-me que havia duas opções. Uma era ir à Noruega, único país onde Moçambique tinha representação diplomática. A outra, ir para a África do Sul e dar um jeito de embarcar para Maputo num voo da South Africa Airlines, mesmo não tendo o visto de entrada. Devo ter emitido algum som semelhante àquele clássico *han-han* dos adolescentes, mas optei pela segunda alternativa. Iria uns três dias antes, a fim de ver um pouco da África do Sul.

Logo ao chegar ao hotel em Joanesburgo, a primeira coisa que fiz foi dependurar o paletó, descer e pedir um táxi para o Soweto. A portaria do hotel e o próprio taxista me advertiram dos riscos a que me expunha, ressaltando tratar-se de uma área muito perigosa. Insisti e fui. Desci do táxi a uma certa distância e caminhei para o miolo do bairro. A verdade é que nada me aconteceu. Não percebi nenhuma hostilidade. Parei numa barraca de frutas, comi um pedaço de abacaxi e continuei minha caminhada. Mais tarde, entrei num boteco, aí sim, cheio de gente mal-encarada, pedi uma mesa e almocei. Fiz o caminho de volta, peguei outro táxi e retornei ao hotel.

A tensão que o país vivia era perceptível a olho nu. Várias pessoas com quem conversei disseram-me que a solução era eleger Mandela ou eleger Mandela; fora daí, era guerra civil na certa. Várias dessas pessoas tinham plena consciência de que um conflito sério destruiria a economia do país, que havia se adiantado bastante, já contando com uma excelente infraestrutura e conseguindo atrair um fluxo crescente de turismo. Minha espichada para Maputo seria no dia seguinte, mas resolvi dar um pulo ao aeroporto para ver como a coisa funcionava. No balcão da SAA, um funcionário indicou-me a sala tal e tal, onde o gerente me daria o esclarecimento que desejava. Lá, fui recebido por um sujeito enorme, semelhante aos estereótipos que muitos de nós temos a respeito dos texanos. Fui direto ao ponto: como é esse negócio de embarcar para Maputo sem visto de entrada? A resposta dele foi tão objetiva quanto minha pergunta: "Eu te embarco. Se vão te deixar entrar, não é comigo". "Mas e se não deixarem?", insisti. E ele: "Obviamente, você não desembarca. Volta no mesmo avião que vai te levar". Eu de novo: "Mas e se houver lá alguém com um bilhete válido querendo embarcar e o voo estiver lotado?". Ele: "Isso acontece todo dia, dá-se um jeito. Alguém tem que desistir". Eu: "Ok". Com a alma aliviada por tão claro esclarecimento, voltei ao hotel, arranjei um restaurante para jantar e me dirigi logo cedo para o aeroporto. Não tive problemas, até porque, na chegada a Maputo, o embaixador brasileiro estava a postos, preparado para facilitar meu desembarque. Mas ali mesmo, na escada, comecei a ouvir o costumeiro bate-boca entre gente que não podia entrar no país e funcionários da companhia frisando energicamente que tinha gente querendo embarcar.

O hotel principal de Maputo é uma réplica exata, só que menor, do Copacabana Palace. Mais bonito, por ter sido implantado entre grandes pedras, bem junto ao mar. Repeti meu comportamento de Joanesburgo: deixei o paletó numa cadeira e saí a caminhar, querendo ver o máximo possível no curto período em que iria permanecer na cidade. Espantei-me com a pobreza, os buracos de bala em casas e muros, a quantidade de gente estropiada, mas não podia imaginar quão maior seria meu espanto três ou quatro anos mais tarde, quando fui a Angola, integrando a comitiva presidencial de Fernando Henrique. Em tais situações, o espanto não se deve apenas à miséria e à destruição. Em praças arborizadas, que em outras circunstâncias me convidariam a uma pausa para espairecer, dezenas de crianças jogavam bola ou brincavam de espadachim, como deviam ter visto em algum filme. A hospitalidade também. No velho mercado municipal, um importante ponto de referência da cidade, empregados cordialíssimos me atenderam e tiraram fotos comigo. Depois do seminário e de um atencioso jantar que o embaixador nos ofereceu, só restava esperar a manhã seguinte, quando embarcaria de volta para Joanesburgo. Cheguei ao aeroporto com um aperto desgraçado no intestino. Procurei o *toilette* e tentei entrar. Tentei, mas não entrei. Nunca me confrontara com um quadro igual. Recuei e tratei de segurar a situação durante todo o voo de volta.

Em 1997, fui eleito para a Academia Paulista de Letras, na qual vim a ocupar a cadeira 16, cujo patrono é Américo de Campos, publicista e homem de ação, ativista dos movimentos abolicionista e republicano. Não me considerando escritor ou artista, tive dúvidas, sem falsa modéstia, se merecia conviver com figuras de tamanho destaque na cultura paulista e na brasileira. Meu antecessor imediato foi Alcântara Silveira, advogado, servidor público do estado de São Paulo em várias funções e jornalista. Tive a honra de ser saudado por Miguel Reale, que à época era também meu colega no Conselho de Estudos Econômicos e Políticos da Federação das Indústrias do Estado de São Paulo (Fiesp).[34]

Em meu discurso de posse, discorri sobre a potencialidade ao mesmo tempo construtiva e destrutiva da palavra, descrevendo-a como

> [...] a resultante de duas forças que atuam em sentidos opostos, em difícil equilíbrio: de um lado, na esfera pública, a aceitação, e de outro, na esfera privada, a remoção de limites ao que é dito e à forma de se dizer. De um lado, na esfera pública, a aceitação de limites: um processo que talvez se possa designar como institucionalização do comedimento, que tem como marco inicial a própria formação do Estado Constitucional moderno e como cerne a contínua busca de procedimentos normativos com o objetivo de moderar facciosismos e neutralizar paixões inevitáveis nos embates partidários, nos processos eleitorais e na atividade parlamentar.
>
> Já na esfera privada – na intimidade familiar, nas relações amorosas, na sociabilidade mais próxima, no lazer e de certo modo até nos meios de comunicação – o que chamamos de progresso é antes o avanço da informalidade – ou até mais que isso, a atribuição de um valor muitíssimo maior à desinibição, ao despojamento, a uma franqueza por vezes rude e agressiva, do que ao comedimento e à autocontenção.
>
> De fato, na esfera privada, os traços fundamentais deste nosso século parecem ser o abandono de tudo aquilo que o século XIX entendera e rejeitara como "moral burguesa" – como formalismo e hipocrisia –, e o advento do que se tem chamado de "liberação", "transparência", "autenticidade", ou seja, de uma comu-

---

34 No segundo semestre de 2017, era esta a composição da Academia Paulista de Letras: Anna Maria Martins, Antonio Penteado Mendonça, Benedito Lima de Toledo, Célio Debes, Celso Lafer, Dom Fernando Antonio Figueiredo, Eros Roberto Grau, Fábio Lucas, Gabriel Chalita (presidente), Ignácio de Loyola Brandão, Ives Gandra da Silva Martins, João Carlos Martins, Jorge Caldeira, Jô Soares, José Fernando Mafra Carbonieri, José Renato Nalini, José Goldemberg, Jose Gregori, José de Souza Martins, José Pastore, Juca de Oliveira, Júlio Medaglia, Luiz Carlos Lisboa, Lygia Fagundes Telles, Massaud Moisés, Mauricio Araújo de Sousa, Miguel Reale Júnior, Paulo Bomfim, Paulo Nathanael Pereira de Souza, Paulo Nogueira Neto, Raul Cutait, Raul Marino Júnior, Renata Pallottini, Roberto Duailibi, Ruth Rocha, Synesio Sampaio Goes Filho, Tércio Sampaio Ferraz Júnior, Walcyr Carrasco e eu.

nicação desimpedida. Comunicação do que pensamos, do que sentimos, do que presumimos, do que imaginamos, e até do que sonhamos ou julgamos haver descoberto em nosso subconsciente, aceitando-se para o conjunto da vida social, e dando-se como positivo, e como mais autenticamente humano, um âmbito de comunicação que antes só parecia admissível no consultório psicológico, na fruição silenciosa da obra literária e talvez no teatro. [Mas] quem sou eu, senhores acadêmicos, para dizer se, na esfera privada, a felicidade dos seres humanos é mais bem servida pelo comedimento algo formal de outras épocas ou por essa franqueza chocante que parece ser o ideal de nossos dias?

No final dos anos 1990, a CARE, uma fundação sediada em Atlanta, estava vigorosamente empenhada em combater a pobreza em dezenas de países do Terceiro Mundo. Seu modo de atuação consistia em identificar comunidades vulneráveis cuja segurança e cujo nível de bem-estar pudessem ser melhorados de forma rápida e com um investimento modesto. Com algumas geladeiras, uma comunidade de pescadores, por exemplo, ficaria livre da pressão para entregar seus peixes diariamente ao comércio por um preço aviltado. Atendendo a uma solicitação de meu velho amigo Peter Bell, que naquele momento a presidia, encarreguei-me de implantá-la no Brasil, assumindo o cargo de presidente do Conselho Deliberativo. Com a ajuda do próprio Peter e de seu assessor Marcos Athias, conseguimos formar um ótimo conselho, integrado por Evelyn Yochpe, Fábio Barbosa, Jacqueline Pitanguy, Joaquim Barbosa, Laura Greenhalg, o próprio Athias, Rogério Amato e Simon Schwartzman. Com a colaboração desse esplêndido grupo, e tendo permanecido seis anos na presidência do conselho, penso ter atingido o objetivo a que nos propusemos, que era estabelecer e consolidar a seção brasileira da fundação. A CARE Brasil começou a funcionar em agosto de 2001. Com a crise econômica iniciada em 2008 e o sem-número de problemas que se lhe seguiu, é possível que os efeitos positivos de sua ação tenham diminuído.

Para não dizerem que não falei de flores, conto um fato pitoresco que me ocorreu naquele período. Em 2003, na condição de presidente do conselho, coube-me viajar a Bruxelas para participar de uma reunião de dirigentes da CARE. Eugênia, minha mulher, acompanhou-me na viagem; na volta, fizemos uma curta parada em Paris. Estou me referindo ao dia 30 de maio, data em que tínhamos passagem marcada para retornar a São Paulo. Com o táxi já à porta do pequeno hotel, estava eu atando a gravata quando recebi um telefonema apavorado de Alessandra, minha secretária. Nervosíssima, ela me disse que eu precisava telefonar com urgência para o sr. Roberto Troncon C. Filho, delegado da Polícia Federal em Guarulhos. Feito o contato, o sr. Troncon Filho, falando rapidamente, explicou-me que eu fora envolvido num truque de traficantes de drogas. Em Guarulhos, algum funcionário do setor de despachos da Varig havia criminosamente trocado a etiqueta de uma das minhas malas pela de uma sacola carregada de drogas, cujo destino final era Abidjan, na Costa do Marfim. O sr. Troncon acrescentou que a PF já se informara sobre toda a situação e estava tomando as providências necessárias, mas que, chegando ao aeroporto De Gaulle, eu devia me apresentar imediatamente à polícia francesa, para evitar constrangimentos. Confesso que, diante de tamanho absurdo, não cheguei a ficar preocupado. Tão pronto cheguei ao balcão da Varig, já dois policiais franceses à paisana aproximaram-se de mim, fizeram aquele gesto clássico de levantar a lapela para se identificarem como policiais e pediram-me que os acompanhasse. Conduziram-me ao andar mais alto do aeroporto, o quinto, se não me engano, e me explicaram que eu seria inquirido na condição de traficante de drogas. Pelo que pude observar, o serviço de investigações funcionava numa grande sala, cheia de divisões e compartimentos laterais. Levando-me a um deles, apontaram-me uma sacola vermelha e perguntaram se eu a reconhecia e se tinha conhecimento de seu conteúdo. Disse-lhes, obviamente, que nunca a havia visto e ignorava totalmente o que continha. Abriram-na, mostraram-me que continha vários "tijolinhos" esbranquiçados e perguntaram se eu sabia o que era aquilo. Droga, suponho, mas nada sei de positivo a respeito. "O senhor já esteve alguma vez na Costa do Marfim?", perguntaram-me. Diante de minha negativa, perguntaram se eu tinha intenção de viajar àquele país. Respondi com outro não e disse que tinha lugar marcado no voo da Varig prestes a decolar de volta a São Paulo. "Muito bem, vamos então reduzir suas declarações a termo. O problema é que esse procedimento requer a presença de um juiz, e no momento não há um aqui presente"; teriam de telefonar e conseguir que um comparecesse. Para piorar as coisas, estávamos na véspera de um feriado longo, sendo, pois, improvável que algum juiz se dispusesse a vir rapidamente ao aeroporto. Quinze ou vinte minutos depois, vieram me dizer que um juiz os autorizara a conduzir autonomamente a inquirição, o que, na prática, já haviam feito, portanto só precisavam de minha assinatura. Desci depressa e fui o último a embarcar, obviamente. Obtive cópia do memorando que o delegado Troncon Filho enviou com urgência à embaixada brasileira em Paris, cientificando-a do que se passava comigo. Detalhado e preciso, o texto expunha todos os dados de minha viagem, explicava como fora feita a operação criminosa, demonstrava que eu não poderia sequer ter conhecimento dela, deixando claro que a responsabilidade era de algum funcionário do setor de despachos do aeroporto de Guarulhos. E concluía: "O Sr. Bolívar Lamounier é sociólogo e professor de notoriedade, sendo, inclusive, amigo do Embaixador da França no Brasil, Sr. ALAIN ROUQUIÉ, estando, pois, afastada qualquer hipótese de seu envolvimento com a mala de viagem que foi despachada em seu nome, com destino a Abidjan, no dia 22/05/2003".

Em 1999, uma notável convergência se estabeleceu entre duas importantes fundações, a americana Gorbachev Foundation of North America (GFNA) e a espanhola Fundación para las Relaciones Internacionales y el Diálogo Exterior (Fride). Na primeira, teve papel decisivo a ex-primeira-ministra canadense Kim Campbell; na segunda, seu presidente, Diego Hidalgo, e Jorge Domínguez, professor de Ciência Política na Universidade Harvard. Juntas, as duas fundações concordaram em realizar uma grande conferência sobre dois dos principais problemas mundiais: a pobreza crescente e a fragilidade de várias das democracias que haviam recentemente se formado nos escombros de regimes autoritários. Concebida para realizar-se na Espanha, a ideia contou com o decidido apoio do rei Juan Carlos e do então primeiro-ministro José María Aznar. O debate de tais problemas deveria envolver, além de acadêmicos, ex-presidentes e ex-primeiros-ministros de nações regidas por constituições democráticas.

Tive o privilégio de ser convidado a participar desde o início daquele excepcional empreendimento. O primeiro passo foi reunir em Madri, já em 2000, um grupo de acadêmicos de várias partes do mundo, incluindo *scholars* de primeira grandeza no plano internacional. Trabalhando intensamente durante uma semana, elaboramos a pauta e uma lista de possíveis convidados para a Conferência sobre Transições e Consolidação Democrática, programada para outubro de 2001. Alguns dos futuros participantes acadêmicos ficariam incumbidos de elaborar os textos que serviriam de base para a interação com os ex-chefes de Estado e governo, distribuídos entre grupos de trabalho correspondentes aos grandes temas do conclave.[35]

Entre as referidas atividades de planejamento e a data prevista para a conferência sobreveio, no entanto, o 11 de Setembro, ou seja, o ataque terrorista contra as torres gêmeas em Nova York. Os coordenadores procederam a uma rápida consulta aos envolvidos no projeto, e a resposta foi unânime: o atentado tornara a conferência ainda mais importante e oportuna; ninguém faltaria. E, de fato, a conferência teve lugar conforme o planejado, no período de 17 a 27 de outubro de 2001, contando com o comparecimento de numerosos ex-chefes de Estado e governo, entre os quais o próprio Gorbatchov e o ex-presidente americano Bill Clinton, e

---

35 Todo o material da conferência foi reunido num volume conjunto das fundações Gorbachev e Fride, publicado em Madri pela Siddharth Mehta Ediciones em 2002. Na fase inicial, o grupo de estudos sobre relações Executivo-Legislativo contou com a participação do ex-primeiro-ministro de Portugal, Aníbal Cavaco Silva e dos seguintes acadêmicos: Barry Ames (Estados Unidos), Antônio Octávio Cintra (Brasil), Tomás de la Quadra-Salcedo (Espanha), Pierre du Toit (África do Sul), Jonathan Hartlyn (Estados Unidos), Chung-In Moon (Coreia do Sul), Gabriel Ortiz de Zevallos (Peru), Ergun Özbudun (Turquia), Klaus von Beyme (Alemanha) e Jeffrey Weldon (Estados Unidos), ficando eu como coordenador. Em 2001, na conferência propriamente dita, o grupo foi integrado por César Gaviria (ex-presidente da Colômbia), Stjepan Mesić (ex-presidente da Croácia), John Kufuor (ex-presidente de Gana), Richard Simeon (jurista canadense), Valentín Paniagua (ex-presidente do Peru), Valdas Adamkus (ex-presidente da Lituânia), Felipe González (ex-primeiro-ministro da Espanha), Tadeusz Mazowiechi (ex-primeiro-ministro da Polônia) e eu, novamente, na condição de coordenador.

com a presença constante do rei Juan Carlos, no Hotel Carlton, no centro de Madri. Outro destaque a registrar foi a presença dos três primeiros primeiros-ministros da Espanha democrática, Adolfo Suárez, Leopoldo Calvo-Sotelo e Felipe González.

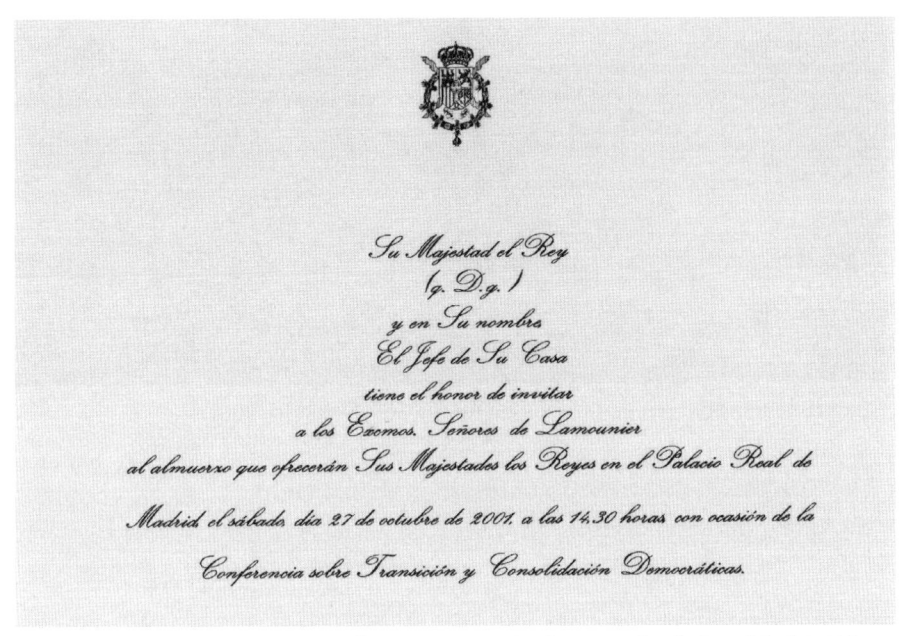

Convite para almoço com Suas Altezas rei Juan Carlos e rainha Sofia – Madri, 2001.

Tanto na fase preparatória como na conferência propriamente dita, coube-me coordenar as sessões do grupo de trabalho sobre "relações executivo-legislativo", tendo como moderador, no primeiro caso, Aníbal Cavaco Silva e, no segundo, Valentín Paniagua, ex-presidente do Peru. Julgo haver feito um bom trabalho, pois fui muito cumprimentado. Aprovado sem dissensões, nosso relatório final recomendou, resumidamente: 1) fortalecer o compromisso dos legisladores com a instituição parlamentar; 2) aumentar a capacidade dos Legislativos notadamente no tocante a assessoramento e meios técnicos necessários à fundamentação de suas próprias propostas e à análise de programas governamentais; 3) ampliar a legitimidade e a importância simbólica

Cumprimentando o rei Juan Carlos e a rainha Sofia – Madri, 2001.

Coordenando o grupo de trabalho sobre "sistema de governo" – Madri, 2002.

Apresentando os resultados do grupo de trabalho na sessão plenária – Madri, 2002.

do Legislativo; 4) buscar um equilíbrio apropriado entre a estabilidade (que exige certo grau de coesão partidária) e a flexibilidade (necessária para assegurar a sensibilidade do Legislativo como organização às demandas dos cidadãos); 5) tendo em vista os problemas que sistemas presidenciais rígidos soem produzir, levar em consideração as possíveis vantagens de configurações parlamentaristas ou semiparlamentaristas.

Ao término das atividades previstas, a conferência de 2001 decidiu se institucionalizar como uma organização permanente, o Clube de Madri (CdM), com a missão de desenvolver esforços internacionais de apoio à democracia e de combate à pobreza e às desigualdades sociais. Assim como o havia feito a conferência, o Clube de Madri estipulou que seus membros titulares seriam ex-chefes de Estado e de governo e manteve o comitê acadêmico como órgão de aconselhamento. Apesar das restrições financeiras dos últimos anos, o CdM tem se empenhado em realizar sua grande assembleia anual, com alguma variação por país segundo a agenda a ser debatida.

No Brasil, um tema relevante do início da última década do século passado foi, ou deveria ter sido, a revisão constitucional. Como se recorda, a Constituição de 1988, no artigo 3º de suas Disposições Transitórias, estipulou uma revisão integral de suas determinações em 1993. Textualmente, eis o que dispôs o artigo 3º: "A revisão constitucional será realizada após cinco anos, contados da promulgação da Constituição, pelo voto da maioria absoluta dos membros do Congresso Nacional, em sessão unicameral".

Era de esperar que um mandamento de tamanha transcendência suscitasse uma expressiva variedade de esforços e contribuições na sociedade, o que, estranhamente, não aconteceu. Quanto eu saiba, o único projeto de revisão trazido ao debate público foi o do Instituto de Estudos Avançados da Universidade de São Paulo. Esse trabalho resultou de uma proposta do advogado e empresário Geraldo Forbes, que, à época, integrava o Conselho Diretor do instituto. Tive a honra de ser designado coordenador do grupo de trabalho que o elaborou, interagindo com cerca de quarenta universitários e profissionais de numerosas áreas, que discutiram o texto de 1988 e formularam sugestões no transcurso de dezenas de reuniões. Suponho que a revisão ficou relegada a segundo plano em virtude da difícil conjuntura que o Brasil viveu a partir do *impeachment* do presidente Fernando Collor de Mello em 1992 e sua substituição pelo presidente Itamar Franco, que tardou alguns meses até encontrar um rumo adequado para a política econômica. Outra interferência malfazeja, já mencionada, foi o deslocamento das atenções para o plebiscito sobre a forma (monarquia *versus* república) e o sistema (presidencialismo *versus* parlamentarismo), a realizar-se em 7 de setembro de 1993.

ESPELHO RETROVISOR (À GUISA DE CONCLUSÃO)

Foi por pouco que escapei de me tornar um plagiário. Livros com títulos bonitos sempre me mataram de inveja. Penso que o título desta seção final tinha que ser "Um espectador engajado", mas sabemos todos que esse paradoxo maravilhoso é da lavra do francês Raymond Aron, um dos maiores mestres do pensamento político do século XX. Quem não tem cão caça com gato: lá vou eu com o surrado "espelho retrovisor", um lugar-comum insuportável. Mas é isso, efetivamente, o que sinto ao fechar essas memórias. Engajei-me na vida acadêmica, mas não pude seguir o que julgo que poderia ter sido meu caminho natural: lecionar numa das melhores universidades do país. Observei a política brasileira durante mais de cinquenta anos, mas não tive chance de nela intervir como teria gostado. Sequer me foi dado integrar a alta administração pública, participar da formulação de programas, carreira que teria seguido com dedicação e muito orgulho.

Confio, porém, em que a confissão dessas frustrações não tenha dado a este relato um tom de queixa ou lamúria. Essa certamente não foi minha intenção. As tristezas que hoje sinto não derivam de motivos individuais, mas de um mal-estar mundial, um conjunto de circunstâncias que se configurou por toda parte, e é inegável que nós, brasileiros, temos razões de sobra para avaliar nosso país por um prisma especialmente severo. A diferença entre a época atual e os anos 1950 – doce quadra de minha adolescência – é chocante. Aqueles foram anos de alegria – na música, no futebol, e sobretudo na fisionomia de um presidente que jamais ostentava uma feição carrancuda, muito pelo contrário. Lembro-me bem do alvoroço em Belo Horizonte, na avenida Afonso Pena, no dia em que os jornais noticiaram o bem-sucedido lançamento do satélite Sputnik pelos russos. Na mesma época, também na Afonso Pena, uma livraria ao lado do Banco da Lavoura colocou lá fora uma mesinha para atender à procura do livro *O encontro marcado*, de Fernando Sabino. Tempos de utopia, de esperanças não raro ingênuas, mas válidas no que toda utopia tem de bom: a confiança em que o futuro será melhor que o presente e o passado. Os dias de hoje, no mundo inteiro, são feitos de tensão, desesperança e medo, sentimentos que afetam praticamente todos os países. No Brasil, vivemos a sensação amarga de não termos sabido colher o que plantamos, ou de não termos plantado o que devíamos com o devido carinho e na estação certa. Como corolário, o sentimento de que outra oportunidade precisará ser construída, com o suor do rosto, pacientemente, sabendo que isso leva tempo.

Dizer que somos a sexta economia é ficar muito aquém da verdade, pois somos ainda um país pobre, com uma renda por habitante medíocre e pessimamente distribuída. Um país onde uma diminuta camada de alta renda vive assustada numa pequena ilha cercada por uma imensidão de pobreza, desigualdades, violência, doenças, corrupção e erosão da autoridade, situação permeada pelo onipresente narcotráfico, abutre que a alimenta e explora. Com a economia crescendo a taxas medíocres – e esse, infelizmente, é o prognóstico que nos é dado fazer no momento –, levaremos uma geração inteira para alcançar os países mais pobres da Europa. Hoje, nossa renda anual por habitante é inferior à que Portugal e Grécia atingiram há muito tempo.

Como o sábio Raymond Aron, tentei morder a casca promissora das utopias sem fincar os dentes no cerne podre das teleologias totalitárias que todas elas contêm. Combati uma visão infelizmente muito disseminada na qual a política é vista por dois prismas extremados e excludentes. Por um lado, é a busca do bem comum; pelo outro, é uma pugna sem trégua, beirando a violência, entre os interesses que emergem da vida social; uma coisa ou outra, nunca as duas ao mesmo tempo, e sem pontos intermediários. Recusei, pois, a hipótese desesperada de uma incompatibilidade entre o bem-estar material para todos e a construção de uma democracia política pujante e veraz. Afirmei, sempre, que o avanço nessas duas direções é a condição *sine qua non* da civilização, termo que para mim tem como componentes essenciais a paz, o pluralismo e a liberdade.

Minha geração universitária formou-se num clima esperançoso, de muita fé no futuro. Eram jovens, objetarão talvez alguns leitores. Sim, éramos jovens, mas o clima de relativo otimismo em que nos formamos devia-se também a outros motivos igualmente fortes. No Brasil, como em todo o mundo, os anos 1950 foram o tempo do "desenvolvimentismo", quero dizer, daquela crença profunda em que a maioria das nações iria se tornar materialmente mais rica, e de que isso era bom. A maioria das pessoas iria se tornar mais saudável, mais feliz, talvez até mais sábia e pacífica. Alguns chegávamos a essa visão por meio do marxismo, centrado na utopia de que o mundo caminhava para uma sociedade sem classes e sem um Estado opressor. Outros, mesmo não abraçando o marxismo, compartiam tal visão em virtude do hegelianismo que em maior ou menor medida permeava as ciências humanas. Nós, brasileiros, tendo herdado um país continental e tão rico em recursos, mesmo atordoados pela pobreza e pelas desigualdades, em última análise não tínhamos por que ser pessimistas. Por todas essas razões, não é fácil olhar para trás a partir desta segunda década do século XXI. Refazer mentalmente o percurso, reavaliar nossas experiências individuais e coletivas, ponderar com realismo os equívocos cometidos e as oportunidades perdidas, requer paciência, resistência e, por que não o dizer, uma boa dose de coragem. Reconhecer que alguns dos problemas que nos afligem – educação, saúde, saneamento... – já se evidenciavam com toda clareza em nossa época de universidade é difícil, massacrante, doloroso. A escala das desigualdades sociais e o *tsunami* de corrupção desvendado no período petista pela operação Lava Jato são humilhações individuais e coletivas que nem o mais pessimista dos brasileiros poderia ter imaginado até pouco tempo atrás.

Mas o pior, na presente década, é que parecemos obcecados, doentiamente obcecados, em criar problemas novos, em semear incompreensões e rancores, como se fôssemos congenitamente incapazes de conviver de maneira amistosa e racional, preservando as coisas boas que construímos ao longo da história, colimando um futuro melhor como sociedade. Disso não há melhor exemplo que o ciclo petista corporificado nos governos Lula e Dilma no período 2003-16. Beneficiado pelos ventos fortemente favoráveis advindos da demanda de *commodities* e pelas políticas sociais paternalistas que praticou, Lula manteve níveis de popularidade estratosféricos, mas nada fez nas duas áreas críticas – reformas estruturais e infraestrutura – para a retomada do crescimento econômico em bases sustentáveis. E fez ainda pior ao usar sua popularidade, as mágicas publicitárias do marqueteiro João Santana e a cornucópia do cartel de empreiteiras para levar ao Planalto a sra. Dilma Rousseff, uma candidata manifestamente despreparada para o cargo. O resultado, como sabemos, foi uma recessão econômica de quase três anos, associada à crise do *impeachment* e ao prolongado risco de crise institucional decorrente dos impactos da operação Lava Jato sobre o sistema político. Nos últimos cinco anos, minha atividade profissional manteve íntima ligação com essa conjuntura malfazeja. Abordei-a de modo contínuo, por dois caminhos. Indiretamente, em termos teóricos, em dois livros – *Tribunos, profetas e sacerdotes* e *Liberais e antiliberais*. E diretamente pela imprensa, participando com frequência do programa *Globo News Painel*, enquanto ele esteve sob a direção do jornalista William Waack, e como articulista quinzenal do jornal *O Estado de S. Paulo* e da revista *Istoé*.

Esta nota final é triste, mas não se infira dela nem do texto como um todo que eu veja a história brasileira como uma monótona sucessão de fracassos. O que estou tentando transmitir é a velha questão do copo meio cheio, meio vazio. Progredimos em muitas áreas, em algumas de uma forma espetacular. Cito, entre estas, a revolução na pecuária com a importação das raças zebuínas da Índia, origem do potente agronegócio hoje reconhecido como um pilar crucial de nossa economia. Mesmo na educação, que, vista em conjunto, é uma tragédia – não temos uma universidade entre as cem melhores do mundo! –, conseguimos modernizar notavelmente a gestão do sistema universitário e implantar numerosos centros de excelência. Não descabe conjecturar que retomaremos um processo de forte crescimento logo que as crises de curto prazo forem superadas, assim que implementemos certas reformas estruturais já amplamente debatidas, e – não menos importante – se não tardarmos a descartar a obsessão estatizante que há tempos se apossou de nossas mentes.

Uma questão que me parece ainda merecer um parágrafo é a de como passei de um social-democrata intuitivo a um liberal convicto. No aspecto político, tal indagação pode ser respondida com absoluta facilidade. Outra não haveria de ser minha conclusão após 21 anos de regime militar no Brasil e tempo de sobra para estudar as experiências totalitárias da União Soviética, do Leste Europeu, do Sudeste Asiático e até a de Cuba. Não me ruborizo nem um pouco por assumir o *boutade* de Churchill – que hoje é quase um chavão: a democracia representativa é o pior regime, salvo por todos os outros. Do ponto de vista econômico, tentarei dar uma resposta mais original. Na Europa, como sabemos, Social-Democrata era o grande partido alemão fundado no século XIX, que se definia estatutariamente como marxista e só suprimiu essa cláusula em 1959, na convenção do partido em Bad Godesberg. Nessa mesma época, o termo "social-democracia" passou a designar um modelo econômico voltado para o bem-estar social e para a redução das desigualdades por meio do gasto público, atribuindo direitos (*entitlements*) generosos a diferentes grupos, como se tal política pudesse continuar indefinidamente, sem comprometer o crescimento e o equilíbrio fiscal. Um dia a fatura chegou, é evidente. Eis por que, nos dias de hoje, penso que a expressão "social-democracia" – assim como "democracia cristã" e mesmo "socialismo" – deve ser entendida como fórmula abstrata, quase desprovida de conteúdo, mediante a qual certos grupos e partidos tentam comunicar um ideal de sociedade. Nenhuma dessas fórmulas faz referência a meios ou a modelos econômicos concretos. O ideal que elas expressam é uma combinação da democracia com o bem-estar e a redução das desigualdades, mas sem jogar fora o bebê com a água do banho, ou seja, indicando concretamente as formas de organização e as políticas econômicas mediante as quais iremos promover o crescimento, manter a estabilidade e distribuir racionalmente o fruto do trabalho social coletivo. Os ideais de sociedade a que me referi têm de ser buscados por meios apropriados do ponto de vista técnico e tendo em vista as circunstâncias de tempo e lugar. Assim concebido, não vejo contradição alguma entre a social-democracia e políticas econômicas de tendência liberal (uma economia de mercado forte, com equilíbrio fiscal, privatização, desregulação, desburocratização etc.). Trata-se, em última análise, de romper restrições embutidas em "relação de produção" peremptas a fim de liberar as "forças produtivas" cuja expansão é condição *sine qua non* para o aumento do bem-estar.

ANEXOS

ANEXO 1

Reflexões sobre experiências que vivi no Brasil e que contribuíram para a formação da Fundação Ford[36]

Por Peter Bell[37]

Dick Magat enviou recentemente uma solicitação urgente de artigos quando eu acabava de voltar de uma viagem ao Brasil em meu cargo como vice-presidente da Fundação Bernard van Leer, uma fundação holandesa que apoia o desenvolvimento da primeira infância em trinta países. O pedido de Dick – imediatamente após a minha viagem – me levou a pensar sobre algumas das minhas aventuras iniciais junto à Fundação Ford. Os doze anos em que trabalhei na fundação, incluindo dez anos com o Programa Latino-Americano, começaram no Brasil em 1964.

Entre o momento em que fui selecionado como colaborador de treinamento e a conclusão de um curso intensivo de português na NYU,

---

36 *LAFF Society Newsletter*, número 52 (final do outono de 2007), páginas 4-5. Tradução juramentada a cargo de Leslie Benzakein – tradutora pública e intérprete comercial, matriculada na Jucesp sob o nº 114.3.

37 **Nota da redação da *LAFF*, atualizada por Bolívar Lamounier**
Peter Bell aposentou-se em abril de 2006 depois de dez anos como presidente e CEO da CARE USA, organização internacional de desenvolvimento e assistência, tornando-se, então, pesquisador visitante no Carter Center em Atlanta. Em setembro daquele ano, tornou-se pesquisador sênior no Centro Hauser para Instituições sem Fins Lucrativos em Harvard. Foi também presidente do grupo de facilitação para a ONG Leaders Forum, copresidente da Iniciativa de Aprendizado Conjunto sobre Crianças e HIV/Aids e vice-presidente da Fundação Bernard van Leer e também do Diálogo Interamericano. Peter atuou na equipe da Fundação Ford de 1964 a 1977, incluindo dez anos no Programa Latino-Americano e três anos conjuntamente com o Comitê de Política Pública e Organização Social e o Departamento de Educação Superior e Pesquisa. Faleceu em 2012.

os militares brasileiros haviam deposto o governo democraticamente eleito, mas de esquerda, do presidente João Goulart. Rey Carlson, o representante da fundação, e seus funcionários haviam criado um programa de bolsas de estudos que se concentrava no desenvolvimento de estudos de pós-graduação e de pesquisa sobre ciências naturais, agricultura, economia e administração pública. Obtive a autorização de explorar o desenvolvimento das ciências sociais "mais leves", incluindo ciência política, sociologia política e antropologia social.

Comecei com ciência política, e logo descobri que, na verdade, havia pouco no Brasil que se assemelhasse àquilo que eu entendia como uma ciência política com base empírica e voltada para o estudo do comportamento político. Uma exceção promissora se encontrava na Faculdade de Ciências Econômicas da Universidade Federal de Minas Gerais, em Belo Horizonte. Durante os quatro anos que passei no Brasil, minhas frequentes visitas a Belo Horizonte, considerada uma espécie de "cidade provinciana" à época, se tornaram alvo de zombarias por parte dos meus colegas na Fundação Ford. Mas fiquei impressionado por um pequeno grupo de professores em início de carreira que havia estudado até o nível de mestrado na Faculdade Latino-Americana de Ciências Sociais no Chile. Com o apoio da fundação, eles acabariam obtendo doutorados de universidades como Harvard, MIT e Stanford e se tornariam o núcleo do primeiro programa brasileiro de pós-graduação em ciência política.

Procurei sistematicamente encontrar aqueles poucos jovens brasileiros que já faziam estudos de pós-graduação no exterior em ciência política e me corresponder com eles com relação a seu progresso e seus planos. Um dos melhores e mais brilhantes daqueles estudantes era Bolívar Lamounier, formado pela Faculdade de Ciências Econômicas de Belo Horizonte e que estudava na UCLA. Em 1966, Bolívar retornou ao Brasil para fazer a pesquisa para a sua tese de mestrado, e pude ver em primeira mão por que os seus professores da UCLA o consideravam um aluno exemplar. Quando Bolívar estava tentando voltar à UCLA, contudo, ele chegou ao aeroporto internacional do Rio de Janeiro e foi informado de que seu visto para os Estados Unidos havia sido cancelado.

Sabendo que eu participaria de uma conferência internacional de representantes ilustres das ciências sociais em Belo Horizonte, financiada pela fundação, Bolívar me pediu para acompanhá-lo a uma reunião no Consulado dos Estados Unidos naquela cidade. Ele queria que eu comprovasse suas credenciais como um aluno com excelentes resultados acadêmicos. Para mim, seria um prazer fazê-lo.

O cônsul insistiu em falar com Bolívar e eu separadamente, e não juntos. Quando Bolívar saiu de sua reunião, ele não pronunciou uma só palavra. Parecia abatido. Foi então a minha vez de entrar na sala. O cônsul fechou a porta e me disse, sem rodeios, que não poderia de forma alguma conceder um visto a Bolívar. Quando perguntei por quê, ele disse que Bolívar era "a própria coisa". Perguntei o que significava aquilo, e o cônsul respondeu: "Ele é vermelho até a medula". Não havia, advertiu ele, nada mais a ser dito.

Assim, Bolívar e eu tomamos o elevador para descer ao térreo do prédio que abrigava o consulado. Quando saímos, membros da polícia secreta brasileira pegaram Bolívar e o forçaram a entrar na parte traseira de um caminhão coberto. Tentei acompanhá-lo, mas fui rechaçado. Subi novamente ao consulado e exigi uma explicação. Mas foi em vão.

Retornei ao congresso de ciência social que eu havia deixado para o meu compromisso com Bolívar e relatei o que acontecera. Por meio dos bons ofícios de um brasileiro com boas conexões políticas que participava do congresso, conseguimos identificar a instalação militar onde Bolívar estava supostamente detido. Considerando os relatos de "desaparecimentos" de esquerdistas suspeitos na época, os congressistas decidiram alugar um ônibus, ir até a instalação e exigir o direito de ver o prisioneiro. Apesar de só conseguirmos vislumbrá-lo a distância, pelo menos nos tranquilizamos com o fato de que ele ainda estava vivo.

Quando voltei aos escritórios da fundação no Rio, descobri que as notícias sobre minha experiência com Bolívar em Belo Horizonte haviam me precedido. O então Representante Interino não estava contente. Ele já tinha enviado um telegrama para Nova York com a recomendação de que eu fosse repreendido por "comportamento incompatível com a fundação". Para meu alívio, Harry Wilhelm, o diretor do Programa Latino-Americano, era mais tolerante. De fato, ele foi totalmente solidário. Nas semanas seguintes, trabalhei com todo mundo, do juiz da Suprema Corte dos Estados Unidos, William O. Douglas, a membros do corpo docente da UCLA e com a comunidade mais ampla das ciências sociais em uma campanha de escrever cartas pedindo que Bolívar fosse solto ou que tivesse um julgamento justo. Depois de mais de dez semanas, Bolívar foi finalmente libertado sem acusações formais. No dia seguinte, ele obteve um visto para retomar seus estudos nos Estados Unidos.

Dois anos depois, quando um grupo de cientistas sociais foi expulso da Universidade de São Paulo pelo regime militar, vários membros do grupo decidiram romper com a prática brasileira de longa data de partir para o exílio. Em vez disso, procuraram estabelecer um centro independente de pesquisa social. Lembrando-se de como a fundação havia se mobilizado em apoio a Bolívar, decidiram testar nosso compromisso com abordagens pluralistas nas ciências sociais. Os paulistas eram liderados por Fernando Henrique Cardoso, um jovem e brilhante professor de sociologia política. Naquela ocasião, Bill Carmichael era o representante da fundação; Frank Bonilla, do MIT, era nosso assessor de ciências sociais; e eu era o vice-representante.

Com o apoio de Bill e Frank, recomendei um financiamento ao nosso escritório de Nova York para o estabelecimento do novo centro. Para nossa decepção, a recomendação foi inicialmente rejeitada pelo diretor regional interino por ser demasiadamente polêmica. Decidimos, contudo, fundamentar nossos argumentos com mais solidez e voltar a apresentar a proposta.

Alguns dias depois, recebi um telefonema de uma autoridade superior na embaixada norte-americana. Sem rodeios, a pessoa advertiu: "Se você sabe o que é bom para sua carreira, desistirá de recomendar o financiamento para o projeto do Cardoso". Expliquei que havíamos trabalhado em estreita colaboração com Fernando Henrique e os colegas em seus planos, que estávamos impressionados com sua força intelectual e profissional, e que apoiávamos entusiasticamente o programa de pesquisa proposto para o novo centro.

Não obstante, concordei em ouvir qualquer fundamentação pertinente para não prosseguirmos. No dia seguinte, reuni-me durante o almoço com um agente da CIA que trouxe um dossiê de caso para analisar comigo. O dossiê continha diversos *clippings* de notícias e memorandos citando instâncias em que Cardoso havia estado na presença de "conhecidos esquerdistas". De fato, a argumentação contra nosso apoio ao centro se baseava inteiramente em culpa presumida por associação. Bill, Frank e eu decidimos seguir adiante e, desta vez, as autoridades da fundação aprovaram nossa recomendação.

Esses dois incidentes, que ocorreram nos anos de formação da minha carreira, ajudaram a influenciar a trajetória da fundação na América Latina e tiveram uma importante influência sobre minha pessoa:

1. Nos anos 1960, a visão predominante de desenvolvimento internacional na fundação era tecnocrática. Baseava-se em grande parte no crescimento econômico, sustentado por desenvolvimento científico e tecnológico. Nossa exploração das ciências sociais "mais leves" nos ajudou a reconhecer o viés político-social incorporado em nossas premissas sobre desenvolvimento e a abrir a fundação para abordagens mais pluralistas em um âmbito intelectual e ideológico mais amplo. Cada vez mais, entendíamos que desenvolvimento não era apenas uma questão de crescimento, mas também de igualdade.

2. Depois dos meus primeiros cinco anos na fundação, quatro deles no Brasil, tirei um ano sabático em Harvard como pesquisador associado. Um dos meus projetos era escrever um capítulo sobre a Fundação Ford como um ator transnacional para um livro, intitulado *Transnational Relations and World Politics*, escrito por Joe Nye e Bob Keohane. O capítulo em si não era uma grande obra de ciência política, mas o fato de escrevê-lo ajudou a me tornar mais consciente dos valores subjacentes às doações feitas pela fundação e a perceber o quanto nosso papel, de forma inadvertida ou consciente, era político. Essas reflexões foram úteis para que eu me preparasse para minha próxima missão (com iní-

cio em setembro de 1970) como o representante da fundação no Chile. Minha chegada a Santiago coincidiu com a eleição presidencial de Salvador Allende, o socialista que prometeu uma "transição democrática e legal em direção ao socialismo".

3. Bolívar Lamounier concluiu não apenas um mestrado, mas também um doutorado em ciência política. Tornou-se um cientista político muito conceituado no Brasil; foi o fundador de um centro de pesquisa social, econômica e política; é membro da Academia Brasileira de Ciências; é um influente comentarista e colunista de política brasileira; e um bem-sucedido consultor para empresas sobre análise de risco político. Bolívar também continuou sendo um amigo pessoal e colega profissional por todos estes anos. Quando a CARE Brasil foi formada como uma organização autônoma brasileira, há cinco anos, ele atuou como presidente de seu Conselho Deliberativo.

4. Sob a liderança de Fernando Henrique Cardoso, o Cebrap, estabelecido com o apoio da fundação, tornou-se o primeiro centro de pesquisa social no Brasil e, possivelmente, em toda a América Latina. Por sua vez, o próprio Cardoso se tornou um líder no ressurgimento democrático do Brasil e atuou como senador, ministro das Relações Exteriores e ministro da Economia antes de ser duas vezes eleito presidente do Brasil.

Com o passar dos anos, Fernando Henrique e eu também continuamos amigos. Durante o governo Clinton, recebi solicitações para abordar o presidente Cardoso sobre questões comerciais. Recusei, de forma rápida, mas firme. Em outra ocasião, contudo, fui informado de que o embaixador brasileiro para a OEA havia anunciado o apoio do Brasil a um candidato mexicano para a Comissão Interamericana sobre Direitos Humanos, passando por cima de um candidato americano muito mais forte.

Enviei um fax ao presidente Cardoso instando-o a apoiar o americano. Para minha satisfação, o Ministério das Relações Exteriores reverteu publicamente sua posição. Não muito tempo depois, comentando sobre o compromisso do Brasil com relação aos direitos humanos em um fórum em Nova York, Cardoso declarou: "O Brasil apoia os direitos humanos; o Brasil ouve pessoas como Peter Bell".

Após deixar a presidência, em 2002, Fernando Henrique assumiu a copresidência do Diálogo Interamericano. Atuei como o outro copresidente até que ambos renunciamos, há um ano. Sol Linowitz, Abe Lowenthal, um ex-representante da Fundação Ford no Peru, e eu fundamos o Diálogo há 25 anos como um fórum para líderes da América Latina e da América do Norte de convicções políticas diferentes para discutir problemas em comum e buscar soluções cooperativas. Peter Hakim, o atual presidente do Diálogo Interamericano, também já foi membro da equipe da Fundação Ford no Brasil, no Peru e no Chile. E a Fundação Ford tem sido a apoiadora mais consistente do Diálogo durante estes 25 anos.

ANEXO 2

Apanhado bibliográfico[38]

ARAÚJO, Célia Lamounier de. *Itapecerica*. Itapecerica: Academia Itapecericana de Letras, 1993.

ARON, Raymond. *O espectador engajado*. Rio de Janeiro: Nova Fronteira, 1981.

BANCO DO DESENVOLVIMENTO DE MINAS GERAIS (BDMG). *Diagnóstico da economia mineira*. Belo Horizonte: BDMG, 1968.

BARBOSA, Waldemar de Almeida. *Dores do Indaiá do passado*. Belo Horizonte: [s.n.], 1964. Edição do autor.

BELL, Peter. Reflections on Formative Experiences with the Foundation in Brazil. *LAFF Society Newsletter*, New York, n. 52 (late fall), p. 4-5, 2007.

BORGES, José Gomide. *O sertão de Nossa Senhora das Candeias da Picada de Goiás*. Belo Horizonte: Consórcio Mineiro de Comunicação (CMG), 1992.

_____. Depoimento. In: ARAÚJO, Célia Lamounier de. *Itapecerica*. Itapecerica: Academia Itapecericana de Letras, 1993.

CALVEZ, Jean-Yves. *O pensamento de Karl Marx*. Porto: Tavares Martins, 1959. 2 v.

CAMARGO, Cândido Procópio F. de et al. *São Paulo 1975*: crescimento e pobreza. São Paulo: Cebrap; Loyola, 1975.

---

[38] Optei por este título informal porque é exatamente disso que se trata: uma compilação de títulos paralelos às minhas memórias e evocativos do trabalho de diversos colegas. Muitos ficaram de fora, como é inevitável em qualquer seleção; a esses, apresento antecipadamente meu pedido de desculpas.

CARDOSO, Fernando Henrique; FALETTO, Enzo. *Dependência e desenvolvimento na América Latina*: ensaio de interpretação sociológica. Rio de Janeiro: Zahar, 1970.

CASTRO, Claudio de Moura. *A mágica do dr. Yvon*. Belo Horizonte: Benvinda, 2016.

DALMON, Jacques. *La Garde en Freinet*. Marseille: Universud, 1995.

DIAMOND, Larry et al. (Org.). *Democracy in Developing Countries*: Latin America. Boulder: Lynne Rienner, 1999.

FAORO, Raymundo. *Os donos do poder*. Porto Alegre: Globo, 1958.

FARIA, José Hipólito de Moura. Prefácio. In: GOUTHIER, Carminha. *Mystica poesia*. Belo Horizonte: [s.n.], 2003. Coleção particular de José Hipólito de Moura Faria.

FIÚZA, Ricardo Arnaldo Malheiros. *Dores do Indaiá, minha terra*. Belo Horizonte: Fimac, 2016.

FURTADO, Celso. *Formação econômica do Brasil*. Rio de Janeiro: Fundo de Cultura, 1959.

_____. *Desenvolvimento e subdesenvolvimento*. Rio de Janeiro: Fundo de Cultura, 1961.

GABEIRA, Fernando. *Que é isso, companheiro?* São Paulo: Companhia das Letras, 2009.

_____. Outro mundo. *Folha de S.Paulo*, São Paulo, 30 jan. 2009.

GORBACHEV FOUNDATION & FRIDE. *Conference on Democratic Transition and Consolidation*. Madrid: Siddharth Mehta, 2001.

GOUTHIER, Carminha. *Mystica poesia*. Belo Horizonte: [s.n.], 2003. Coleção particular de José Hipólito de Moura Faria.

GRANGER, Gilles-Gaston. Événement et structure dans les sciences de l'homme. Paris: Institut de Science Économique Appliquée, 1957.

GURVITCH, Georges. *Determinismes sociaux et liberté humaine*: vers l'étude des cheminement de la liberté. Paris: PUF, 1955.

HELLER, Hermann. *Teoria do Estado*. São Paulo: Mestre Jou, 1968.

JAGUARIBE, Hélio. *Desenvolvimento econômico e desenvolvimento político*. Rio de Janeiro: Zahar, 1962.

KINZO, Maria D'Alva Gil. *Legal Opposition under Authoritarian Rule in Brazil*: The Case of the MDB, 1966-1979. Oxford: St. Antony's; Macmillan Series, 1988.

LAMOUNIER, Bolívar (Org.). *A ciência política nos anos 80*. Brasília: Editora UnB, 1982.

_____ (Org.). *A opção parlamentarista*. São Paulo: Sumaré, 1991.

_____. *Conversa em família*. São Paulo: Augurium, 2004.

_____. *Da Independência a Lula*: dois séculos de política brasileira. São Paulo: Augurium, 2005.

_____. *Liberais e antiliberais*: a luta ideológica de nosso tempo. São Paulo: Companhia das Letras, 2016.

_____. Raça e classe na política brasileira. *Cadernos Brasileiros*, Rio de Janeiro, n. 47, 1968.

_____. Teodiceias brasileiras: como nos tornamos o que hoje somos. In: BUARQUE, Cristovam; ALMEIDA, Francisco; NAVARRO, Zander (Org.). *Brasil, brasileiros*: por que somos assim? Brasília: Verbena; Fundação Astrogildo Pereira, 2017.

_____. *Tribunos, profetas e sacerdotes*: intelectuais e ideologias no século XX. São Paulo: Companhia das Letras, 2014.

LAMOUNIER, Bolívar; CARDOSO, Fernando Henrique (Org.). *Os partidos e as eleições no Brasil*. Rio de Janeiro: Paz e Terra, 1975.

LAMOUNIER, Bolívar; FORBES, Geraldo (Coord.) *Projeto de Revisão Constitucional*. São Paulo: Instituto de Estudos Avançados da Universidade de São Paulo, 1993.

LAMOUNIER, Bolívar; WEFFORT, Francisco; BENEVIDES, Maria Victória (Org.). *Direito, cidadania e participação*. São Paulo: T. A. Queiroz, 1981.

LEME, Luiz Gonzaga da Silva. *Genealogia paulistana*. São Paulo: Duprat & Companhia, 1905.

LINZ, Juan. An Authoritarian Regime: Spain. In: ALLARD, Eric; LITTUNEN, Yrjo (Org.). *Cleavages, Ideologies and Party Systems*. Helsinque: Westermark Society, 1964.

MANNHEIM, Karl. *Ideology and Utopia*. New York: Harvest, 1929.

MARSHALL, Thomas Humphrey; BOTTOMORE, Tom. *Citizenship and Social Class*. London: Pluto Perspectives, 1992.

MERQUIOR, José Guilherme. *O liberalismo*: antigo e moderno. Rio de Janeiro: É Realizações, 1991.

MERTON, Robert King. *Social Theory and Social Structure*. New York: Free Press, 1958.

MORLET, Marie Thérèse. *Dictionnaire étymologique des noms de famille*. Paris: Perrin, 1991.

MOURA, Emílio. *Itinerário poético*. Belo Horizonte: UFMG, 2002.

MYRDAL, Gunnar. *Solidaridad o desintegración*. México, DF: Fondo de Cultura Económica, 1956.

NOHLEN, Dieter. *Elections in the Americas*. Oxford: Oxford University Press, 2005. 2 v.

PERROUX, François. *La coexistencia pacífica*. México, DF: Fondo de Cultura Económica, 1960.

PINTO, Álvaro Vieira. *Consciência e realidade nacional*. Rio de Janeiro: Iseb, 1960. 2 v.

RAMOS, Alberto Guerreiro. *A redução sociológica*. Rio de Janeiro: Tempo Brasileiro, 1965.

RODRIGUES, Leôncio Martins. *Destino do sindicalismo*. São Paulo: Edusp, 2009.

SADEK, Maria Tereza (Org.). *Justiça e cidadania no Brasil*. São Paulo: Sumaré, 2005.

SARTRE, Jean-Paul. *Critique de la raison dialéctique*. Paris: PUF, 1960.

SCHWARTZMAN, Simon. Do nacionalismo ao desenvolvimentismo. *Revista Brasileira de Ciências Sociais*, Belo Horizonte, v. 3, n. 1, 1963.

_____. *Bases do autoritarismo brasileiro*. Campinas: Unicamp, 2015.

SKIDMORE, Thomas. *Politics in Brazil*: An Experiment in Democracy. New York: Oxford University Press, 1967.

SOUZA, Maria do Carmo Campello de. *Estado e partidos políticos no Brasil*. São Paulo: Alfa-Ômega, 1976.

STEPAN, Alfred (Org.). *Authoritarian Brazil*: Origins, Policies, and Future. New Haven and London: Yale University Press, 1973.

_____. *Rethinking Military Politics*: Brazil and the Southern Cone. Princeton: Princeton University Press, 1988.

_____. *Arguing Comparative Politics*. New York: Oxford University Press, 2001.

STOVER, Richard D. *Six Silver Moonbeams*: The Life and Times of Agustín Barrios Mangoré. Clovis: Querico, 1992.

TINHORÃO, José Ramos. *História social da música popular brasileira*. São Paulo: Ed. 34, 1998.

VAINFAS, Ronaldo (Org.). *Dicionário do Brasil Colonial, 1500-1808*. Rio de Janeiro: Objetiva, 2000.

WEBER, Max. *Economia y sociedad*. México, DF: Fondo de Cultura Económica, 1944.